U0335897

人单合一(的)实践

[英] 本杰明·拉克　　勒贝内·索加
（Benjamin Laker）　（Lebene Soga）
耶米西·博拉德-奥贡福敦
（Yemisi Bolade-Ogunfodun）　　著

陈劲　潘信然　译

Closing
the Service Gap

How to connect customers, employees
and organisations

机械工业出版社
CHINA MACHINE PRESS

"人单合一"最初由海尔提出，后来被亚马逊、苹果、易趣、脸书、网飞、推特、优步和YouTube等有意采用，成为引领物联网时代管理模式的标杆。在本书中，英国雷丁大学亨利商学院的三位教授将跟随世界上一些最大公司的脚步，向你展示如何利用技术转变企业文化，从而将员工、用户和组织这三个最重要的利益相关者联系起来，并依次为每个群体创造价值。本书将通过实用的步骤、建议和案例研究，帮助你制定并实施"人单合一"的战略，从而将组织的领导方式由授权转变为赋能员工的权利和能力，为企业创造可持续、可扩展的收入。

Authorized translation from the English language edition, entitled Closing the Service Gap: How to connect customers, employees and organisations, ISBN 978-1-292-44435-2 by Benjamin Laker, Lebene Soga, Yemisi Bolade-Ogunfodun, published by Pearson Education, Inc, publishing as FT Publishing, Copyright © 2023 by Pearson Education Limited.

This Licensed Edition Closing the Service Gap: How to connect customers, employees and organisations, is published by arrangement with Pearson Education Limited.

Chinese simplified language edition published by China Machine Press, Copyright © 2024.

本书中文简体字版由Pearson Education Limited（培生教育出版集团）授权机械工业出版社在中国大陆地区（不包括香港、澳门特别行政区及台湾地区）独家出版发行。未经出版者书面许可，不得以任何方式抄袭、复制或节录本书中的任何部分。

本书封底贴有Pearson Education（培生教育出版集团）激光防伪标签，无标签者不得销售。

北京市版权局著作权合同登记　图字：01-2023-4917号。

图书在版编目（CIP）数据

人单合一的实践 /（英）本杰明·拉克（Benjamin Laker），（英）勒贝内·索加（Lebene Soga），（英）耶米西·博拉德-奥贡福敦（Yemisi Bolade-Ogunfodun）著；陈劲，潘信然译 . — 北京：机械工业出版社，2024.6

书名原文：Closing the Service Gap

ISBN 978-7-111-75816-7

Ⅰ.①人… Ⅱ.①本… ②勒… ③耶… ④陈… ⑤潘… Ⅲ.①企业管理 Ⅳ.①F272

中国国家版本馆CIP数据核字（2024）第097956号

机械工业出版社（北京市百万庄大街22号　邮政编码100037）

策划编辑：李新妞　　　　　　责任编辑：李新妞　刘林澍
责任校对：郑　婕　王　延　　责任印制：张　博
北京联兴盛业印刷股份有限公司印刷
2024年9月第1版第1次印刷
170mm×230mm·11.25印张·1插页·141千字
标准书号：ISBN 978-7-111-75816-7
定价：68.00元

电话服务　　　　　　　　　网络服务
客服电话：010-88361066　　机 工 官 网：www.cmpbook.com
　　　　　010-88379833　　机 工 官 博：weibo.com/cmp1952
　　　　　010-68326294　　金 书 网：www.golden-book.com
封底无防伪标均为盗版　机工教育服务网：www.cmpedu.com

好评如潮

这本重要的书为我们所有人提供了如何更好地与消费者互动以促进经济繁荣的经验。

——多莉·克拉克（Dorie Clark），

《华尔街日报》特约撰稿人，畅销书作者

既要领导一个组织，又要创建可持续发展的企业，既要创造经济繁荣，又要为社会造福，很少有企业能够应对这一挑战。《人单合一的实践》促使读者以未来参与模式的名义重新考虑传统的管理模式和权力结构。这本书是应对用户和员工挑战的必读书。

——考特尼·罗斯（Courtney Rose），谷歌副总裁

整个世界，尤其是商界，正在学习如何适应新的环境。组织、管理者和员工如果不了解参与的作用和相互联系的重要性，就无法在竞争中脱颖而出。这本书是一个很好的起点，让我们了解这一重要经验，并围绕它构建新的参与蓝图。了解用户—员工—组织的整个价值链及其各环节相互联系的重要性。

——察希·维斯菲尔德（Tzahi Weisfeld），英特尔公司副总裁

《人单合一的实践》为经济的繁荣发展提供了一个有价值的反思——促进了对企业如何与消费者互动的根本性反思。正如作者所阐述的那样，法律和政策制定者随后得到的教训是相当有价值的。

——普拉奇·马泽尔（Prachi Mathur），苹果公司欧洲、

中东和非洲地区业务规划与战略负责人

在一个以"顾客至上"为常用语的商业环境中，这本书挑战了传统的企业原则，并就领导者应该如何重新思考他们的组织、员工和用户生态系统提供了独特的、适用的建议。通过真实的案例研究，作者对组织应用技术的见解对我们在当前的混合工作环境中取得成功尤为重要。

——迪利普·迈尔瓦格南（Dilip Mailvaganam），微软高级总监

《人单合一的实践》对企业如何在日益不可预测和脱节的世界中取得进步提供了启发性的思考。通过从根本上重新考虑企业与消费者和员工的互动方式，它摒弃了关于平衡利润和社会公益的善意的陈词滥调，绘制了同时实现利润和社会公益的路线图。这给领导者们带来了启发。

——塔莎·尤里奇（Tasha Eurich），《纽约时报》畅销书作者

《人单合一的实践》是一本令人兴奋的指南，它为我们这些想要将用户纳入组织生态系统的人提供了大量重要信息。作者用简单的语言分享了组织是如何忽视公司的福祉与用户保留率之间不可分割的联系。这本书是加深用户、员工和组织结构之间联系的路线图。

——塔提亚娜·米特洛娃（Tatiana Mitrova），

哥伦比亚大学全球能源政策中心研究员

《人单合一的实践》解释了"顾客至上"的含义，即顾客只需点击一个按钮，就可以改变他们购买的商品和从谁那里购买。如果公司想要靠迎合顾客的购物需求取得成功，员工和用户就需要与公司、公司的宗旨、公司的目标及公司的理念联系起来。

——蒂姆·勒尼格（Tim Leunig），伦敦经济学院副教授

《人单合一的实践》为组织提供了一种解决方案，以改变和重新定义它们与员工和用户的关系，这是一种全新的、可操作的替代方案，可以取代一直以来的"用户至上"模式，这种模式更适合未来的工作。在一个技术正在迅速消除界限和等级制度的世界里，商业创新和成功需要服务模式，这种模式包括连通性，并平等地重视生态系统中的所有关键参与者。

——凯特·诺瓦克（Kate Nowak），微软首席应用科学家

致 谢

在此，我们要感谢海尔人单合一模式研究院（HMI）为我们的初步研究提供了访问权。同时，我们也感谢他们提供的大量二手数据、报告和其他资料。

关于作者

本杰明·拉克（Benjamin Laker）是雷丁大学亨利商学院的领导力教授兼影响力与外部参与主任，研究领导力对社会的影响。他在《哈佛商业评论》《人力资源管理》《消费者研究杂志》和《斯隆管理评论》上发表过研究成果。他的前一本书是《金融时报》的畅销书《领导太骄傲》（*Too Proud to Lead*），该书关注企业和政治的崩溃和丑闻，受到了《每日电讯报》的好评。

勒贝内·索加（Lebene Soga）博士是雷丁大学亨利商学院管理实践与创业学副教授。他的研究探讨了一系列主题，包括数字技术在组织生活中的社会方面、企业家精神与经理和员工的关系。他定期在国际会议上介绍自己的研究成果，与商界领袖、学者和政策制定者共同探讨各种组织挑战。《华尔街日报》《福布斯》《金融时报》和其他一些国际媒体都对他的研究见解进行了报道。他的研究成果发表在《组织研究方法》《小企业经济学》《欧洲工作与组织心理学期刊》《技术预测与社会变革》《哈佛商业评论》和《斯隆管理评论》等权威期刊上。

耶米西·博拉德－奥贡福敦（Yemisi Bolade-Ogunfodun）博士是雷丁大学亨利商学院组织行为学课程主任兼讲师。她的研究兴趣是从文化角度看待不同的组织环境，探讨价值观和意义系统的相互作用、工作的社会方面以及文化差异对工作体验的影响。她经常参加国际研究研讨会，定期向学术界、实践者和决策者介绍她的研究。她曾在《组织研究方法》《商业研究杂志》《哈佛商业评论》和《斯隆管理评论》等刊物发表开创性论文。与此同时她还经常与 Emerald 和 Edward Elgar 等主要出版社合作出版书籍。

序 言

　　平台经济催生了一种以提供卓越的用户体验为核心的新型组织。这些组织重新思考了其运营的各个方面，以求在各自行业中为其用户提供卓越体验。在这个过程中，他们把用户放在第一位，从而颠覆了整个行业。反过来，这又创造了一种新的消费者——阿尔文·托夫勒称之为"产消者"。产消者通过消费产品或服务，进行评论撰写、发布照片和在推特上分享他们的体验，从而塑造公众对品牌或公司的看法。这创造了一种新的经营方式——共享经济。爱彼迎和优步都是这种经营方式。对于任何想要理解这些新商业模式的人来说，这本书都是宝贵的资源。

　　过去，当一个组织想要了解它的用户时，它会委托进行用户调查。然而，这个过程既昂贵又耗时，而且结果往往是不可靠的。相比之下，平台经济提供了实时反馈循环，使企业能够快速了解和响应用户的需求和愿望。这是新旧经济之间的根本区别：前者是基于线性的、自上而下的生产模式，而后者是基于网络化的、自下而上同时将消费者当成共同创造者的模式。

　　平台经济的兴起带来了一种与用户互动的新方式：这是新技术带来的信息自由和速度的表现，将用户互动从"买者自负"转变为"卖者自负"。这一现象的关键在于其网络效应的改变——随着越来越多的人加入平台并做出贡献，平台对参与其中的每个人都变得更有价值。《人单合一的实践》分析和讨论的正是这个生态系统，作者为任何想要建立或发展平台业务的人提供了一本必读的书。

在本书中，作者提供了一个了解平台经济及其主要参与者的框架。他们还就如何在这一新经济中竞争提供了实用建议。毕竟，如果用户现在之于企业是最重要的，那么如何尽可能地贴近他们并为他们做更多事情就成了企业和企业之间竞争的焦点，这促使企业从根本上重新考虑如何与消费者互动，以及如何通过内部管理方法更贴近用户。这就需要一个与众不同的领导者——一个专注于授权他人、快速应对变化和创建用户服务文化的领导者。《人单合一的实践》对现有思想提出了挑战，因此希望利用新时代用户中心主义的领导者可以通过生态系统思维来实现这一目标。

这本书对领导者——以及像亨利商学院等教授领导力的商学院——的启示是巨大的。例如，考虑一下这个问题：如果现在由用户负责，这是否意味着营销已经不再被需要？如果是这样，应该用什么来代替呢？领导者如何在他们的组织内创造一种用户服务文化？他们需要什么新的技能和能力才能在这个新环境中取得成功？最后，这对领导力发展项目意味着什么？这本书可帮助所有试图理解这些问题的人为未来做好准备。

有一件事是确定的：那些在这个新时代取得成功的人将是那些对用户有不同看法的人。我鼓励所有的商业领袖读一读这本书，和我一起，通过人单合一模式，开创一个以用户为中心的新时代。你准备好接受挑战了吗？

特伦斯·莫里（Terence Mauri）

Hack Future Lab 创始人、麻省理工学院企业家导师、

IE 商学院客座教授

前　言

本书为何重要

我们今天面对的世界是一个复杂的世界，但对于那些敢于深入其中、敢于直面未来的恐惧、敢于不屈不挠、不盲从他人的人来说，这是一个充满机遇的世界。许多人可能会说，"生态系统"这个词已经被用滥了，成了另一个用来描述组织如何竞争、适应或生存的词。事实上，生态系统作为一个相互关联的网络这一概念并没有被过度使用，远远没有。它没有被充分使用，而这正是机遇和挑战所在。机遇在于我们要意识到我们个人与我们生活和工作所在的社会和群体不再相互独立这一事实。它们不可能是独立的，因为多年来建立起来的联系已经使这一事实不容置疑。在传统的人员管理中，总是存在主体和客体，管理者是主体，被管理者是客体。但在以去中心化、去中介化和分布式领导为特征的物联网时代，每个人都是企业的主体。员工变成了自主的人，组织变成了生态系统中的小微，传统意义上的领导权变成了共享。

因此，我们面临的挑战是，如何理解这一现状对我们领导组织以及创建可持续的企业从而实现经济繁荣和社会公益的意义。我们能否真正超越夸夸其谈和善意的陈词滥调，实现两者兼得？良好的意图是否足以推动我们前进？这一切都取决于行动。

比如你为了享受美食去了一家餐厅。服务员来了，但站在 10 米开外。"餐点已经准备好了。"他们说，然后就没再说什么了。现在，剩下的就看你的了。在这种情况下，你会怎么做？在一般的餐厅里，大家都希望服务员站在你身边，面带微笑，以一种让你感到舒适的方式与你打交道。不幸的是，这种情况其实是我们在当代组织中观察到的情况的隐喻。事实上，在许多组织中，上下级之间存在距离感往往被认为是理所当然的。传统的管理模式通常强调组织中的权力结构，即老板处于等级结构的顶端，经理位于老板之下，而各级业务人员则处于等级结构的更下层。那么，用户是如何融入这一结构的呢？用户通常被认为是组织之外的人。但事实并非如此，不是吗？没有用户，就没有销售，就没有收入，就无法支付工资，一个持续经营的企业就会受到威胁。因此，我们可以得出结论：用户是企业成功的关键。然而，许多企业尽管有好的产品和用户数据库，仍旧逃不开失败的命运。

事实上，基于当前数字化和社交媒体时代背景下的现实情况是，顾客很容易被众多竞争产品分散注意力。此外，随着传统商店被网络平台取代，顾客只需点击键盘就能购买产品。因此，如何在保持足够用户参与度的前提下继续为公司提供回头客才是公司面临的真正的挑战。对于许多企业领导者来说，这仍然是一个未解之谜。我们已经投入了大量精力和资金，通过技术来跟踪用户的购买习惯、偏好以及公司网页上的数字足迹。然而，现在的市场仍然是一个买方市场，企业所能做的就是定位自己的产品、细分市场并找到目标用户。正如许多企业所知，保持用户参与是一项持续的挑战。当一些服务机构通过技术手段接触到庞大的用户群时，情况尤其如此。可悲的是，通过技术手段来接触用户的追求无意中变成了对遥不可及之物的追求。作为一名管理者，在你保持"10米"距离的时候，你所服务的对象也是远离的。这就是这本书的核心。我们剖析了组织在寻求与用户建立联系时所面临的问题。你很快就会意识到，顾客的若即若离往往是组织的问题。忽略你与用户之间的距离将会使得这个距离越来越远。

如果你是一名管理者，希望在为用户提供服务方面扭转局面，那么这本书就是为你准备的。我们汇集了近30年的管理学术研究和30年的金融、教育和制药行业从业经验，阐明了我们所理解的"参与型组织"的关键所在——在这种组织中，用户、员工和组织都是相互关联的。请注意，我们说的不是"连接"，而是"互联"。"连接"来自拉丁语 connectere，是 con（"待命""并肩"或"在一起"的意思）和 nectere（"结合"的意思）的组合，意思是把一个东西拉到另一个东西上，使它们结合在一起。被绑住的一方可能离另一方有一段距离，但它们还是绑在了一起。你只需确保一方与另一方牢固地结合在一起。相比之下，"互联"意味着更多。"互联"的概念使绑定在一起的双方都有责任。换句话说，它不是简单地将一个事物与另一个事物绑定在一起，在这种情况下，一个是主体，另一个是客体。相互联系就是要确保双方都参与到这种相互联系中，在"约束"或"捆绑"中相互牵制。我们的想法不是让双方走到一起，而是让双方保持在一起的状态。在本书中，我们将说明这一点对于用户、组织和员工的重要性。我们将使用真实的例子和案例研究来说明如何做到这一点。事实上，一些组织已经在这样做了，其结果有目共睹。事实胜于雄辩。

需要明确的是，我们并不是要提出什么深奥的理论。作为与职场密切接触的学者，我们深知学术上的名词有时会模糊人们的理解。但同时，我们的观点必须建立在严谨的学术研究基础之上。我们在本书中所做的，就是向你展示如何利用我们在研究中的"发现"来实现你自己的目标。为此，我们引入了人单合一的概念。"人单合一"是一个中文术语，它代表了一种管理哲学，很多西方人可能都没听说过。在本书中，我们将简化它是什么，财富500强企业是如何运用它的，以及你可以如何利用它为自己的企业带来好处。

如果说有谁将人单合一完美融入到了企业的发展中，海尔无疑是第一选择，而我们很幸运能够进入这个庞大的组织。海尔是世界500强企业之一，也是世界领先的消费电子产品生产商。我们分析了该公司的业务，与不同国家的近200名经理和员工进行了接触，并在对该公司及其一些子公司的研究中翻阅了数百页的文件。我们还深入研究了有关中国管理哲学的一些资料。现在，我们准备向你展示如何在自己的人生旅途中运用我们所学到的原则。

本书的结构安排

本书分为三个部分。

在第一部分，我们对2020年的企业状况进行了思考，并提出了本书的论点：在用户善变、供应链断裂、竞争激烈、员工缺乏活力的环境中，自上而下的组织结构将无法生存。取而代之的是，我们提出了企业生态系统的概念，在这个生态系统中，用户、员工和组织之间紧密相连、相互依赖。书中的定义以及真实案例研究都强调了从这三个利益相关者的角度来考虑"企业"的重要性。本书的这一部分还介绍了技术和文化的转型，它们是取得成功的关键。我们展示了"人单合一"的真实案例，并向你介绍了"人单合一"模式（连接用户、员工和组织的三位一体模式）。我们将探讨采用"人单合一"的益处，并指导你如何对组织中的联系进行基本衡量。

在第二部分，我们将探讨影响用户与员工间关系（和摩擦）的因素。我们将向你介绍这样一条原则，即员工的工作应直接满足用户和组织的需求。同样，只有聘用了合适的人员以及使用适当的技能组合，用户才能"如愿以偿"。因此，我们解释了这两个利益相关者之间的共生关系，并通过大量的案例研究将这一概念付诸实践。这些案例研究还为你提供了实际的步骤，以帮助深化用户和员工之间的关系。研究结果强调了不将这两个群体联系起来的风险，因此我们提供了一些技巧，促使你立即开始与这两个群体接触。

我们还探讨了组织与用户之间的联系。根据一些知名组织的杰出领导者的见解，我们考虑了企业董事会和高级领导者对用户的不同观点，包括哲学上的观点和与数据有关的观点。我们为当下这个用户忠诚度低、注意力分散的世界提供了理解用户观点所需的技术方向，并证明用户满意度——而不是投资者满意度——可以决定一家企业的成败。我们还提供了反思性问题，促使你加深对用户以及用户与组织之间联系的理解。

本部分还探讨了员工与组织之间的关系。首先，我们根据"人单合一"对员工进行描述：员工是组织为满足用户需求而招募的人才，是组织中备受青睐的精英。他们比以往任何时候都更加"自由"——在第四次工业革命中，"打工人"（The Company Man）的概念在竞争激烈的人才市场背景下已不复存在。通过案例研究，我们探讨了在员工参与和公司文化方面进行投资的必要性，并解释了如何对新员工和现有员工运用和强化"人单合一"文化。我们讨论了一些关键因素，如文化和共同认知、流程、人员因素，以及共享认知、过程、人的因素，为员工创造心理安全的环境，以参与有助于改善员工与用户之间关系的活动。我们将再次提供实用的技巧，以提示你（无论你在组织中的级别和职能领域如何）立即开始让这两个群体参与进来。

在最后一部分，即第三部分，我们将向你介绍个人转型之旅——你将转型为一名在互联型组织中茁壮成长的领导者。通过进行调研、采访以及研究成功采用"人单合一"模式的领导者的建议，我们强调了各级领导者在服务于该模式的三个利益相关者以及深化三者之间的联系以创造长期可持续的业务增长方面可以发挥的作用。我们鼓励你超越"服务型领导"（即领导者的首要目标是服务他人，而不是服务自己）这一流行概念，转而关注另一种与在相互关联的生态系统中工作更相容的领导形式。研究为我们提供了一个可以现实地为消费者、员工和组织服务而不损害公司财务状况的领导者的特质和技能的模式。我们将对这两种领导方式进行比较，然后为你提供成功领导者的实用建议，帮助你实现个人和职业的发展。最后，本书为你提供了一个可以让你对自己当前的优势和劣势、工作空间中的机会和限制、与管理人员的关系、支持性网络和个人价值观进行评估的机会，帮助你制定领导者发展路线图。本书的实用特色包括：

- 真实案例研究——我们在每一章中都提供了组织的实践案例，以帮助指导你进行思考。
- 反思性问题——每章结尾都有反思性问题和实用技巧，供你在实践中参考。
- 实践练习——书中随处可见各种实践练习，你可以与团队一起进行练习。
- 分析工具——提供的一些工具是图表格式的，以帮助你更直观地使用它们。
- 绩效评估计分卡——我们在此提供一个非常简单的计分卡指南，你可以根据自己的情况进行修改。

目 录

致谢

关于作者

序言

前言

第一部分　联系

01

第 1 章
从帝国到生态系统

导言 / 002

21 世纪的商业世界 / 002

科层制运行模式面临的挑战 / 005

将企业重塑为生态系统 / 011

案例研究 1.1 / 014

案例研究 1.2 / 015

本章小结与思考 / 018

参考书目 / 019

02

第 2 章
铁锤

导言 / 021

人单合一的故事 / 021

人单合一模式 / 025

人单合一哲学的基本信念 / 027

采用人单合一的机遇和益处 / 031

案例研究 2.1 / 033

本章小结与思考 / 036

参考书目 / 037

第二部分　加强

03

第 3 章
员工和用户是
合一的

导言 / 040

影响用户与员工关系的因素 / 041

与员工角色有关的人单合一 / 042

员工技能与用户需求的对比 / 045

　　案例研究 3.1 / 047

深化与技术关系的实用步骤 / 049

不将员工和用户联系起来的危险 / 051

即时吸引用户和员工的创意 / 053

本章小结与思考 / 054

参考书目 / 055

04

第 4 章
如何吸引注意力
分散的用户

导言 / 057

用户与组织之间的联系 / 057

企业董事会和高层领导如何看待用户 / 060

技术在用户不忠诚和竞争激烈的世界中的作用 / 064

是什么让用户容易分心？ / 067

实现用户忠诚度的成功策略——海尔智慧烹饪链群 / 069

　　案例研究 4.1 / 070

吸引注意力分散的用户 / 071

本章小结与思考 / 074

注释 / 076

05

第 5 章
企业的需求很
简单——员工

导言 / 079

员工是能力的源泉 / 079

员工流动与人才市场 / 081

对员工参与进行投资的必要性 / 083

　　案例研究 5.1 / 084

对企业文化进行投资的必要性 / 085

为新员工和现有员工实施和强化人单合一文化 / 086

链群合约：价值战范例 / 088

链群的价值：植根于平衡、增长和共同创造 / 089

　　案例研究 5.2 / 091

本章小结与思考 / 092

参考书目 / 094

第三部分　领导

06

第 6 章
学会使用人单
合一进行领导

导言 / 096

作为领导者的个人转变的需要 / 096

在互联组织中蓬勃发展 / 098

领导层在服务用户方面的作用 / 099

领导层在服务员工方面的作用 / 102

深化三个利益攸关方之间的联系 / 103

创造可持续的业务增长 / 106

　　案例研究 6.1 / 108

成功引领人单合一模式 / 111

本章小结与思考 / 112

参考书目 / 114

07

第 7 章
超越仅仅为用户
服务

导言 / 116

服务型领导的价值 / 116

超越服务型领导 / 118

互联生态系统的领导力 / 120

做一个有韧性的领导者 / 122

贵公司的财务业绩至关重要 / 124

两种领导方式的对比 / 126

绘制领导力发展路线图 / 128

本章小结与思考 / 130

注释 / 131

参考书目 / 132

08

第 8 章
标记轨迹

导言 / 133

了解你的背景 / 134

分析自己的领导力 / 136

　　案例研究 8.1 / 141

分析你的生态系统——绘制地形图 / 143

评估、衡量和改进绩效 / 145

　　案例研究 8.2 / 146

将人单合一的原则应用到你自己的组织中 / 149

本章小结与思考 / 152

参考书目 / 153

结束语 / 154

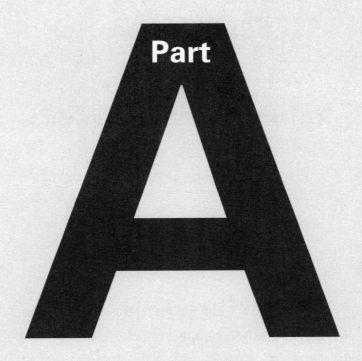

Part

第一部分

联　系

商业世界的现状如何？你应当如何在其中生存？了解人单合一的哲学，它的原则和信仰体系将改变你的组织。现在，是时候在你的商业生态系统中找到你需要的联系了。

Closing the Service Gap:
How to connect customers,
employees and organisations

第 1 章　从帝国到生态系统

导言

在第 1 章中，我们证实了重新审视商业世界的必要性。如果说在过去，企业是保护员工免受失业及其随之而来的社会经济挑战的保护伞，那么今天的企业概念则截然不同。的确在过去的企业中，员工可能会感受到某种形式的经济安全，但过去的企业概念也意味着员工是一个帝国的成员之一，这个帝国主宰着他们的生活方式。在本章中，我们将以一种批判性的视角来说明如何将业务概念的转变作为起点。这是改变的第一步，也就是我们对现实的认识是什么以及应当如何认识。你看待商业世界的视角将决定你最终能否成功。哲学家称之为本体论，即你的现实理论。为了更好地阐明这一点，我们将在本章中向大家证实，企业已经从帝国的概念转变为现在的生态系统。

21 世纪的商业世界

就维持商业世界的平稳度而言，21 世纪显然是最复杂的。从互联网带来的大量知识资源，到不断变化的技术进步，现在的商业世界与之前可以预测的商业世界已经大不相同了。我们生活在一个不确定的时代，这一事实不容低估。过去 20 年来，人类目睹（并将继续目睹）的各种进步都伴随着挑战，其中一些挑战可能对企业造成毁灭性的影响。

在这种情况下，大多数企业现在迫切需要的不是简单的改变，而是在实践中诞生的彻底的、颠覆性的变革，为新理论提供土壤，而新理论又反过来培育新的实践，乃至革命。第三次工业革命和第四次工业革命给生活的方方面面带来了巨大的变化——社会、政治、环境、技术的全方位变革正在以前所未有的速度扰乱市场并改变消费者和员工的态度和行为。这既令人兴奋又令人恐惧，因为它以前所未有的速度提供了机遇，但它也可能导致意想不到的后果，这对处理方法和反应方式都提出了巨大的挑战。例如，全球化将市场和经济联系在一起，使资本能够从世界的一个地方转移到另一个地方，要么创造出百万富翁，要么在股市动荡时使投资者陷入贫困，而这一切可能在眨眼之间发生。

同样，技术变革也创造了其他工作模式，并打开了超越国家地理边界的劳动力市场。因此，员工可以在世界任何地方竞争工作。而组织需要跟随这种变革的步伐，并成为变革的推动力之一，但人不论从思想还是行动上总是落后于这种变革，而组织及其领导层的一个关键作用，或许也是最关键的作用，就是确保整个组织的人了解变革、参与变革并为变革所激励，而不是受到变革的威胁。这些变革的某些方面可能意味着企业领导者需要重新思考组织的结构。在 21 世纪之前，结构就是一切。19 世纪和 20 世纪的制造工厂如果没有良好的"结构"，就无法运转。这意味着，作为管理者，你需要知道谁在做什么，在哪里做，何时做，如何做，以及为什么做。员工打卡上班，一天的工作结束后是什么样子是可以预见的。经理是事务的掌舵人，所有事务都需要得到他或她的批准。谁是负责人一目了然。如果你没有看到组织结构图，你也能感觉到。如果你不了解等级制度，你或许可以感受到它，但如果你感觉不到它，你就注定要失败。这是一个受到严密保护的帝国，每个人都清楚自己的位置：你只需要通过自己的努力走向顶峰。

自上而下的等级组织结构是我们在设计组织时几乎总能看到的一种结构。的确，等级制度有其优点——它揭示了谁是老板，但也从本质上表明了组织阶梯上最高层和最低层之间的距离有多远。在技术变革创造的变化更快、机会更多的世界里，预测和应对变化的能力将成为企业生存的决定性因素之一。我们经常发现，组织机构为高效工作而设立的方式在很大程度上缺少改变的弹性，以致在突发事件面前，一些企业无法再按照现有模式运营，而另一些企业则认为有必要重塑自我，包括改变它们的运营结构，将工作形式转向远程或混合形式的工作。其他组织则面临着将资源从办公大楼等固定资产转移到能够维持新工作模式的技术平台的决策。

那么顾客呢？事实上，技术进步也为用户创造了不同的购买体验，他们现在拥有比以往更多的选择。他们更容易做到货比三家、试用产品并在不满意时退货。但用户也很容易抛弃你的公司转而投向另一个公司。即使在日常消费品方面，用户很可能会继续使用同一个服务提供商，但现在只需点击一下按钮，家庭就可以转换服务种类，无论是电力、煤气、水还是电信。用户也更加挑剔，要求更高。消费主义的兴起意味着用户的声音比以往任何时候都要响亮。无论你承认与否，用户已成为不容忽视的重要利益相关者群体。事实上，他们是企业的社会"监督者"，他们会从社会、经济和管理原则的角度来评估企业的业务活动。

作为一个组织，你被推到了公众的视线中，你不仅需要考虑如何让股东和投资者满意，还需要考虑对社会的影响，社会层面的变化已经带来了组织政策的变化，涉及更公平的招聘、多样性、奖励制度和问责制等领域。

公众对"零时工合同"的强烈反对就是一个很好的例子，说明了社会压力是如何推动时钟指针转动的，哪怕只是一点点。

科层制运行模式面临的挑战

从 1784 年机械织布机的问世开始，第一次工业革命在后来由蒸汽动力驱动的机械化生产的基础上拉开了序幕（见图 1.1）。现在，机器的使用已经渗透到工作的方方面面，但其主要作用仍然是作为人类用来实现生产的设备。管理者需要确保机械化系统以最佳状态运行，为了满足需求或服从管理控制，员工被分配了特定的角色，工作是人们为了满足需求或坚持管理控制而花费大量时间的地方。工厂是小型实体，这种形式的管理结构是必然的——毕竟，你只需要去找"老板"就能解决问题。当大规模生产启动，电力为机器提供动力时，第二次工业革命就开始了。在这个时代值得注意的是 1870 年辛辛那提屠宰场使用的第一条传送带。要使工作的速度与这些传送带的速度相同，劳动分工成了必要的选项。自然而然地，等级制度出现了，因为必须有人制定规则决定谁必须做什么。但运作模式并非如此简单。在运营过程中问题很快就显现出来，这样的分工几乎使人变成了机器，因为一个工人可以整天只做一件事，例如每两分钟向右拧一个螺丝。但等级制度是必要的：需要有人"负责"，对任何错误负责。需要注意的是，在这两次早期的工业革命中，焦点都集中在组织内部。尽管它确实明确了如果用户对某人或某事不满意应该向谁投诉，但用户只是购买产品的局外人，对他们来说，等级制运营模式的意义不大。

在以任务自动化、电子化和信息技术为特征的第三次工业革命中，随着第一台可编程逻辑控制器于 1969 年问世，人们可能会认为科层制运营模型的转变变得迫在眉睫。然而事实上，科层制运营模型反而成了主流。

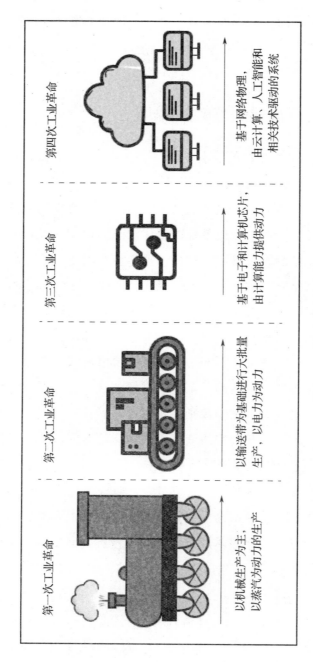

图 1.1　工业运行模式的演变

第一次工业革命　以机械生产为主，以蒸汽为动力的生产

第二次工业革命　以输送带为基础进行大批量生产，以电力为动力

第三次工业革命　基于电子和计算机芯片，由计算能力提供动力

第四次工业革命　基于网络物理，由云计算、人工智能和相关技术驱动的系统

不知何故，计算机还带来了表达层次结构的新形式。例如，只有某些人才能在办公桌上摆放电脑，或在工作场所使用某些电脑系统。各组织在管理方法上依然等级森严，计算机系统的出现只是强化了旧的运作模式。约瑟夫·熊彼特（Joseph Alois Schumpeter）提醒我们："新事物不是从旧事物中产生的，而是出现在旧事物的旁边，与旧事物共同发展，以至于毁掉旧事物。"只是在这个例子中，新事物没有毁掉旧事物，而是与旧事物紧紧相连。事实上，在第三次工业革命的某些情况下，计算机系统成了控制工具，而不仅仅是新的工作工具。肖莎娜·祖博夫（Shoshana Zuboff）于 1988 年发表的一项突破性研究很好地说明了这一点。她进入一些安装了新的信息系统来实现工作自动化的纸浆厂。结果发现，这些机器产生的数据对管理人员了解个人工作情况也非常有用。祖博夫创造了"informate"（信息化）一词——参照了"automate"（自动化）——以说明技术不仅可以实现自动化，还可以提供信息。当然，只有高层管理者才能从机器中获取这些"次要"信息。等级制度将继续存在。它为组织结构图的顶层人员提供了特权，并促使其他人努力攀登高峰，但对其他人来说，它可能也有阴暗的一面（我们将在本书后文对此进行探讨）。

在第三次工业革命期间，这些包含了明显等级制度的运营模式所带来的挑战是独一无二的，因为它们暴露了僵化的结构和不愿变革的态度。这些挑战主要是对那些在组织内部制造了地位差距的人的挑战。位高权重者掌握着权力，整个模式形成了一种不信任和偏袒的体系，导致底层员工缺乏主动性。

许多组织的计算机系统并不一定有帮助，因为它们成了组织内部控制和监视的工具。即使排除这个原因，类似的观念也经常存在。为了应对这些挑战，研究人员呼吁重新审视等级制度和等级的标志，如管理人员专用办公室、停车位、头衔、办公桌尺寸等。这些呼吁催生了新的开放式办公室设计，即每个人都在同一平面办公空间内工作，这一想法旨在鼓励同事之间的互动，不论级别高低，并加强协作。然而，不久之后，在开放式共享办公空间内，每个员工都有自己的隔间。进入一个大的办公空间，与几位同事一起工作，但在角落里有一张单独的办公桌，办公桌后面（经常）有一个男性，他就是老板，这种情况也并不少见。等级模式在这些商业帝国中持续存在，甚至渗透到第四次工业革命中。泰德·科恩（Ted Coine）和马克·巴比特（Mark Babbitt）对这些管理模式感到失望，他们在 2014 年出版的《社交化世界：企业如何适应才能生存》（*A World Gone Social: How Companies Must Adapt To Survive*）一书中警告说，在这个由社交媒体主导的高科技进步时代，继续坚持旧等级思想的组织将面临灭绝。温斯顿·丘吉尔（Winston Churchill）曾说过："如果你不抓住变革的手，变革就会扼住你的喉咙。"这句话同样给我们敲响了警钟。

21 世纪的第四次工业革命以网络物理系统为基础。其商业模式的核心是物联网、Web 3.0、机器人技术、人工智能、增强现实及其相关技术，如混合/扩展现实和虚拟现实、区块链和云计算。第四次工业革命所带来的人与物之间的互联性，以及它赋予所有互联的个人（和物）的能力，意味着任何实体都不可能享有特权。支撑第四次工业革命的技术架构本身是扁平的，因此，所有通过这些技术连接起来的人都可以进入一个系统，在这个系统中，每个人或每件事都处于同一"层级"。例如，你的冰箱现在可以与你互联，了解你的习惯，甚至在检测到冰箱内物品短缺时自行下单，替你补充食物。

你的厨房可以对你今晚的菜单做出决定，用你可能都没听说过的食谱为你做一顿饭。当然，你并没有失去控制权，因为你可以通过联网设备设置你想要的程序，但我们的想法是，即使是非人类的设备也可以与你一起思考，在某些情况下，还可以为你思考。那么，等级制度在哪里？在那些非人类设备为你做决定的场景中，你是否仍处于控制和等级制度的顶端？温斯顿·丘吉尔的话难道没有应验吗？在 21 世纪，随着企业帝国的衰落，我们发现自己正处于这个十字路口。

　　换句话说，第四次工业革命向身处其中的人们提出了一个至关重要的问题：是随着运营环境的改变而改变，还是拒绝改变而被淘汰？尽管有些刻板，但这种进化需求并不新鲜。在以前的时代，这种情况就出现过，就像潮起潮落一样循环往复。想想工业时代，不管工人们最初的独特特征和才能如何，他们都不会因为个性而得到认可或奖励，而是会因为融入集体生产而得到认可或奖励——这意味着，随着时间的推移，最方正的"方钉"工人也会被塑造成适配"圆孔"企业的样子。亨利·福特是当时颇具规模企业的雇主，他经常抱怨说："为什么当我雇佣一双手时，我得到的是一整个人？"显然，人们关注的是雇工的生产力，而没有过多地考虑到人的整体性。这种情绪导致马克斯·韦伯（Max Weber）指出，那个时代的工人完全可以被取代，就像他们操作的机器一样。马克思在《1844 年经济学哲学手稿》中将这种关系称为"异化劳动"，认为工作本应提高人的价值，但实际上却适得其反。马克思认为，人的贬值与物的增值同时发生。但当我们考虑第四次工业革命如何使等级制度变得扁平化时，这样的观点可以说是一个很好的参考。

　　未来的特点是技术与人的融合。继续只为了大规模生产而组织工作，拒绝考虑当今经济、社会和技术的变化，只会让你的公司面临被淘汰的风险。

　　独立的产品和行业已被更加一体化的生态系统所取代，这导致了各种技术的融合，并模糊了物理、数字和生物领域之间的界限，而这些领域正是世界上最大、最有影响力、发展最快、最具颠覆性的组织所拥有的。这些价值数十亿美元的企业利用移动互联网的快速渗透，促进了从产品经济向平台经济的转型。例如，耐克等品牌已经增加了数字平台和会员制内容，以吸引实体零售以外的用户，因为竞争格局已经从传统的实体公司扩展到数字市场，而数字市场有可能将消费者的注意力从实体公司吸引走。

以下是一些顺应时代变化和更大生态系统提供的机遇而发展的公司的例子。截至2022年，苹果公司拥有全球最高的市值，但将苹果视为一个产品品牌是不对的。苹果公司确实销售了很多小玩意儿，但iPod并没有改变音乐产业：iTunes（苹果音乐平台）改变了音乐产业。同样，苹果手机的外观和运行速度也不是其成功背后的驱动力：App Store（苹果应用平台）才是。优步也是如此，它在没有一辆汽车的情况下成了世界上最大的出租车公司。那么脸书呢？尽管它饱受批评，但它是人类创造的一个巨大成功，它的粉丝每天都在增加。这些都说明了一种生态系统思维的转变，即要使商业模式取得成功，必须有多方参与。换句话说，这不仅仅是销售产品，而是要与各种参与者合作，使产品或服务在市场上占据主导地位或持续发展。这种思维从谁在上层或谁在下层转向了如何利用网络中其他人的定位和能力使你的商业模式发挥最大作用。无论是在某个组织中，抑或是在更广泛的参与者网络中，生态系统都不会优先考虑等级制度，而是在相互联系中创造和发展。

凯捷工程公司首席研究与创新官瓦利德·纳吉姆（Walid Negm）表示：

纵观任何新兴或重大技术转型，无论是电动汽车、垂直飞行、5G还是金融科技，都可以明显看出，无论是心智份额还是市场份额，都有利于苹果、优步和脸书等采取共存方式的公司——它们建立和塑造行业标准，成为价值链重组的协同部分。然而，要追求新理念、新思维或新商业模式，就必须以快速、节俭的方式加大力度。公司的目标是与各行各业的参与者建立联系，依托技术平台，确保价值在生态系统经济中流动。

　　纳吉姆在提交的文件中强调了协同、平台和参与者等关键词，这些关键词都暗示了超越单一组织的东西，即与之合作的不同参与者的多样性集合。

　　对于在第四次工业革命中开展业务的领导者来说，最基本的认识是：你的生态系统决定着一切，而用户则是生态系统不可分割的一部分，决定着你的竞争力和你今天的相关性。如何做到这一点？你的竞争对手只需点击或输入关键字就能找到你。如果没有独特性和相关性，你的公司就有可能被忽视，甚至被误解。用户可以决定什么最重要。如果你的组织没有独特性——真正的差异化，或者说你的公司对用户来说并非不可替代，那么他们根本不会注意到你。即使他们已经浏览过你的产品，也会在之后转而选择更有吸引力的产品。这与你的业务、产品或你认为自己重要的原因无关。你的用户在问自己：为什么你对我很重要？用户应该是企业故事的主角（我们将在第 3 章和第 4 章对此进行更详细的讨论）。

　　这对组织结构的变化趋势有何影响？虽然 Facebook 等平台正在蓬勃发展，但自上而下的帝国结构正在消亡。

　　在一个用户变化速度快、供应链破裂、竞争激烈、员工停滞不前的环境中，这种自上而下的结构将无法生存。在一个发展越来越快、充斥颠覆的世界里，安全行事其实是一种冒险的战略。因此，为了向大型企业迈进，所有类型的组织都必须转向更灵活、更网络化的结构，以保持竞争力。

将企业重塑为生态系统

　　平台的兴起是新技术带来的信息自由以及员工重新获得权力的必然结果。它使用户参与的天平从"买者自负"转向"卖者自负"，即从"让买者当心"转向"让卖者当心"。公司和行业明确界定的时代正在被平台重建到云和多样化的哥斯达黎加式生态系统（由植物学家阿瑟·坦斯利于20世纪30年代首次提出）的趋势所覆盖，这些生态系统在未来五年内的收入潜力超过66万亿美元，最主要的原因是用户是负责人。随着旧的运营模式逐渐失去意义，用户对个性化而非标准化的需求日益增长。这意味着用户驱动着多方平台，用户可以互换为消费者和创作者、买家和卖家、读者和作者等。阿尔文·托夫勒（Alvin Toffler）创造的一个术语"产消者"（prosumers）恰如其分地描述了这一点。换句话说，用户不仅仅是消费者，他们也是生产者。事实上，"产消者"将一直存在。这就产生了"企业是一个生态系统"的概念，在这个生态系统中，用户、员工和组织彼此紧密联系，高度依赖（见图1.2）。

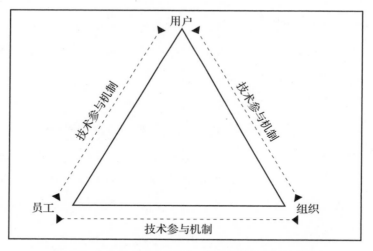

图 1.2　商业生态系统中用户、员工和组织之间的联系

从发展趋势来看，产品品牌和平台品牌都是单面或双面（多面）市场，而生态系统品牌则是共同进化的生态系统，旨在将消费者转变为"产消者"。生态系统品牌有别于前两种品牌类型，因为产品品牌兴起于工业经济

时代，平台品牌依靠用户流量发展壮大，而生态系统品牌则专注于创造用户体验。正如海尔模式研究院简明扼要地指出的：从价值角度来看，产品品牌提供的是优质，平台品牌提供的是流量，而生态体系品牌则提供生态系统价值。因此，从"产品为王"的硬件时代到以用户为唯一定位的生态系统时代，生态系统品牌试图创造终身用户。这是企业在第四次工业革命中蓬勃发展的重要方向。

因此，平台创造了生态系统，用户可以在其中进行互动，并且比以往任何时候都更加频繁地参与其中。如图 1.2 所示，通过我们所说的技术参与机制，用户现在已与商业生态系统的结构交织在一起。你可以把他们想象成"客人"，现在已经拿到了房子的钥匙，可以随时进来并选择留下。虽然大多数人都不希望"客人"成为永久房客，但在这种情况下，你需要他们留下来，这样你的房子才能继续保持良好的吸引力。你的"客人"现在拥有的钥匙就是技术参与机制，使他们能够打开你房子的门锁，如果他们觉得你令人讨厌，那么留下、离开甚至毁掉房子都将是他们的自由。让你的"客人"感到宾至如归，会带来一种令人愉悦的参与感，从而让你的房子热闹非凡。你的"客人"就是你的用户。

只是，在生态系统思维下，他们不是"客人"，而是有钥匙的房客。他们拥有更高的参与度。这种参与带来了新的生产力，创造了更高的效率和速度，从而推动了进一步的承诺。随着这种吸引力的增加，它可以导致超越传统商业模式能力的指数级增长，因为现在是"生态系统时代"。现在的竞争是尽可能地贴近用户，并为他们提供比以往更多的服务。因此，这种动机促使企业重新思考如何与用户互动，以及如何通过内部管理结构来进一步贴近用户。因此，"生态系统时代"把企业变成了创造有价值的用户体验的创新生态系统，每个人和物都成为生态系统中的一个节点（我们将在第 3 章中对用户进行更详细的探讨）。现在请看以下案例研究，它们说明了企业作为生态系统的重新构想，其核心是三个相互影响的利益相关者——组织、用户和员工。

在思爱普（SAP）的案例（案例研究1.1）中，请注意企业的思路是如何从基于产品的业务模式转变为基于网络的业务模式。前者侧重于产品功能，以满足用户需求；后者优先考虑在生态系统内帮助用户，确保解决方案满足用户的需求。这种理解考虑到了生态系统中与用户需求相关的其他因素。这种重心的转移贯穿了整个组织，包括公司愿景，使思爱普得以摆脱静态流程，并在与用户的交流关系中融入灵活性。

案例研究 1.1

思爱普（SAP）优先考虑以用户为中心的业务模式

思爱普是一家企业技术公司，在《财富》世界500强企业中，10家企业中有8家使用思爱普的技术。他们制定了公司愿景，旨在将传统企业转型为智能企业，并将它们连接起来，创建全球最大的商业网络。我们所熟知的静态业务流程存在着很大的缺陷。思爱普董事会成员兼用户成功部主管斯科特·罗素（Scott Russell）说："企业在交换商品、服务、人才、资产和数据时，对实时灵活性的需求从未如此明确。"

案例研究1.2将企业重新视为一个生态系统，突出了技术参与机制的重要性，在本例中就是人工智能。正如你所注意到的，有趣的是这些公司是如何部署人工智能的。重点不在于产品开发或产品竞争力，而在于员工体验。如图1.2所示，企业生态系统思维需要关注三个重要的利益相关者，其中之一就是员工。这种思维方式既以员工为中心，也以用户为中心。

案例研究 1.2

人工智能促进人力资源管理

管理学者阿施·马利克（Ashish Malik）和他的研究团队最近对大型科技公司进行了一项研究，这些公司在人力资源管理（HRM）职能中使用了人工智能（AI）应用，实施了复杂的平台生态系统。研究发现，通过人工智能应用提供高质量的员工体验，使得人力资源管理职能得到了积极的提升。利用人工智能和相关技术，企业正在根据员工的属性和需求提供个性化的人力资源服务。这大大减少了人力资源事务处理量，提高了业务效率，同时也改善了员工在工作满意度和薪资方面的体验。作者指出，通过捆绑人工智能应用，企业可以提升员工的整体就业体验。

然而，你的企业并非必须部署人工智能。事实上，人们可能会对人工智能人力资源管理犹豫不决，这主要是因为传统的企业战略、理论和分析框架早已根深蒂固，企业领导者可能会选择熟悉的东西。然而，在以波动性、不确定性、复杂性和不确定性（VUCA）为特征的商业环境中，传统的学术理论和陈旧的做法已无法提供准确的指导。例如，迈克尔·波特（Michael Porter）著名的竞争战略论述的是企业间的竞争，追求的是股东长期利润和投资回报的最大化。他的理论所依据的普遍资源观是基于这样一种假设，即单个企业拥有的资产从根本上决定了它们的生产机会和竞争战略。这种观点提倡指挥和控制，通常体现在金字塔式的组织结构、直线管理、层层授权以及传统、僵化的晋升和奖励途径中。

从波特的角度来看，战略家通常会根据行业和市场将竞争对手分为直接竞争对手、间接竞争对手和替代竞争对手。诚然，当每个人都各行其是时，这种分类方法会奏效。然而，在一个充满活力、以平台为基础的时代，现实情况是，随着企业共享平台和生态系统的发展，专有的所有权正逐渐成为过去。由于生态系统中的所有成员都秉承以用户为中心的理念，平台模式下那些完全个性化的通道将不复存在。SWOT 分析和波特行业分析框架等工具是在上一个时代根据一系列假设和普遍条件创建的。这些工具有其优点，但需要在不同的背景下使用，要考虑到生态系统时代的动态性质，以及企业心态从直接竞争到合作的逐步转变。

当今时代，企业为了追求市场份额和利润率，经常跨越行业界限，摆脱过时的假设，比如认为行业界限决定了竞争战略。用户并不关心你所在的行业，他们关心的是对他们重要的东西。想想流量大战是如何反映这些新现实的。好莱坞从不期待与 TikTok 争夺市场份额，更不用说亚马逊和网飞了。几十年来，电影及明星一直占据着银幕，而忽略这一点，如今的消费者拥有更强的购买力，可以轻松地从一家供应商转向另一家。因此，公司已经从描述"我们做什么"转向说明"我们为什么重要"。对于今天的消费者而言最重要的是自己，他们利用社交媒体和搜索引擎优化，按照自己的方式策划生活。他们寻求情感上的联系，并希望在自然环境中作为一个完整的人受到重视。公司的差异化成功取决于回答这个问题的能力："为什么贵公司、产品或服务对我来说很重要？"在社交商务时代，吸引别人的注意力，哪怕只是一瞬间，也是一种新的货币。尼古拉斯·卡尔（Nicholas Carr）在 2008 年发表了文章《谷歌让我们变得愚蠢吗》，他在思考互联网对人类大脑的影响时，强调了我们短暂的注意力跨度。因此，在这个新时代，吸引员工和用户的注意力是至关重要的。

虽然一些企业和行业已进入生态系统时代，但大部分企业和行业仍远远落后，主要原因是不了解其组织如何发展才能利用互联生态系统中的机会。对于那些已经利用商业生态系统中的可用机会的组织来说，我们已经看到了其业绩的巨大飞跃；事实上，随着物联网、人工智能和生态系统中其他技术参与机制的出现，新的商业模式已经出现。然而，还有其他一些组织需要考虑以其他方式开展业务。生态系统方法对社会的价值体现在所有参与方的共生关系上。例如，在商业生态系统中，教育和研究机构、行业和政府之间的合作不断增加。芝加哥大学普利兹克分子工程学院院长马修·蒂雷尔（Matthew Tirrell）认为：生态系统的价值体现在所有参与者之间的共生关系上：

大学只能将自己的发现和发明推广到一定程度，超过这个程度，就需要付出更多的努力并扩大规模，才能为社会带来有用的解决方案。因此，有必要加快研究进度，以加速在全球范围内迅速商业化的技术创新。

这需要强大的基础设施，以及对目标和目的的相互理解，将学术界与产业界、研究与公众联系起来。当大学、产业界和政府携手合作时，我们就能比单打独斗更快地开发出应对社会最大挑战的解决方案。没有这个生态系统，新兴技术的潜力就会受到限制。

正如我们之前所论述的，旧习难改，许多企业领导者仍然故步自封，尤其是在管理等级森严、界限分明的组织方面。我们在海尔的研究表明，让这些领导者根据不断变化的运营环境进行必要的转变和发展是可能的。这需要勇气，作为领导者首先需要愿意迈出第一步。例如，领导海尔转型的张瑞敏勇于面对既有的组织结构和系统，并将其重塑为符合目的的组织结构和系统。换句话说，对相互关联的生态系统的价值有了新的理解，抑制了员工、用户和组织之间成功协作所需的灵活性的结构的拆除。为了实现这一目标，全球最大的白色家电制造商海尔于 2005 年提出了人单合一理念，其核心是"与用户零距离"（我们将在第 2 章进一步探讨这一理念）。这里所说的零距离并非字面意义上的距离，而是指与用户的定期互动，以及通过社交网络将海尔与用户联系在一起，从而实现影响力的放大，如商业生态系统所示（见图 1.2）。

本章小结与思考

在第 1 章中，我们希望你能够思考自己的组织的目标方向。你是仍在以帝国的方式运行，还是正在向商业生态系统中的新工作方式过渡？请注意，这需要大量时间来重新评估你的组织及其在商业生态系统中的位置。更重要的是，如果你希望做出这样的决定，就需要反思自己作为一名管理人员的做法。下面有几个值得思考的问题供你参考：

- 你如何看待组织结构？你需要认真反思你的层级模式。赋予你的团队权力，不仅仅是少数"高层"的个人，更应当奖励那些在等级制度底层的人，随着等级制度的扁平化而慢慢改变组织的思维方式。

- 你是否了解可能对你的业务产生潜在影响的技术发展？你可能需要更新技术参与机制，以便在第四次工业革命中维持你的组织现状。识别当前可能影响（或已经在影响）现有业务模式连续性的技术进步（员工方面或经济方面）。谨防落入"跟风"的陷阱。并非每项技术发展都适合你。

- 你可以与生态系统中的哪些成员合作？思考潜在的合作伙伴关系，它们可以提供协同效应，从而为你的生态系统奠定基础。请记住，在一个商业生态系统中，不一定要站在顶端，更重要的是关系网络，这将帮助你们实现各自的目标。

- 你是否了解自己组织的核心优势和能力？清楚自己的优势以及贵组织作为一个组织能够带来什么，了解这一点将有助于你与生态系统中与你互补的参与者进行合作。

- 在进入下一章之前，请思考一下你当前的经营理念，以及第四次工业革命对它的挑战。

参考书目

Bennett, N. & Lemoine, G. J. (2014) What VUCA really means for you, *Harvard Business Review*, https: //hbr. org/2014/01/what-vuca-really-means-for-you (accessed 19 August 2022).

Carr, N. (2008) Is Google making us stupid?What the Internet is doing to our brains, https: //www. theatlantic. com/magazine/archive/2008/07/is-google-making-us-stupid/306868/ (accessed 18 August 2022).

Coine, T. & Babbitt, M. (2014) A *world gone social: how companies must adapt to survive*. New York, NY: AMACOM.

Deloitte report (2018) *The rise of the platform economy*, https: //www2. deloitte. com/content/dam/Deloitte/nl/Documents/humancapital/deloitte-nl-hc-the-rise-of-the-platform-economyreport. pdf (accessed 19 August 2022).

Greenberg, S. (2012) *Building organizations that work*, https: //www. gsb. stanford. edu/insights/building-organizationswork (accessed 18 August 2022).

Haier Model Research Institute (2022), http: //www. haierresearch. com/home.

Harteis, C. (2018) *The impact of digitalization in the workplace. An educational view*. Springer International Publishing.

Malik, A. , Budhwar, P. , Patel, C. & Srikanth, N. R. (2022) May the bots be with you! Delivering HR cost-effectiveness and individualised employee experiences in an MNE, *The International al Journal of Human Resource Management*, 33(6): 1148–1178.

Marx, K. , Milligan, M. , Struik, D. J. , Bottomore, T. B. & Fromm, E. (1965) The Economic and Philosophic Manuscripts of 1844, *Science and Society*, 29(3): 357–362.

Moazed, A. & Johnson, N. L. (2016) *Modern monopolies: what it takes to dominate the 21st century economy*. St Martin's Press.

Porter, M. E. (1990) *The competitive advantage of nations*. The Free Press.

Schumpeter, J. (1934). *The theory of economic development: an inquiry into profits, capital, credit, interest, andthe business cycle* (translated from the German by Redvers Opie). Cambridge MA: Harvard University Press.

Shendruk, A. & McDonnell, T. (n.d.) *How much is an ecosystem worth?*, https: //qz. com/1792563/ how-much-is-anecosystem-worth/(accessed 14 November 2022).

Tansley, A. G. (1935) The use and abuse of vegetational conceptsand terms, *Ecology*. 16(3): 284– 307. doi: 10. 2307/1930070.

Toffler, A. (1980) *The third wave*. New York: William Morrow.

Closing the Service Gap:
How to connect customers,
employees and organisations

第2章 铁锤

导言

在本章中，我们将探讨你用于驾驭商业生态系统的管理哲学。我们将深入探讨海尔集团的人单合一哲学，因为它将我们前面提到的三个关键角色（见第1章）（即员工、用户和组织）错综复杂地联系在一起，共同构成了我们所说的人单合一三要素。我们将讨论它们如何融入可持续价值生态系统，以及采用该模型的机遇和益处。我们将通过实例和案例研究来阐释这些概念，说明这种独特的理念是如何改变管理面貌的，就像一把铁锤，将等级森严的管理实践模式砸得粉碎。

人单合一的故事

一位新上任的厂长曾接到用户对其冰箱厂产品质量的投诉。他要求员工用锤子砸毁76台有问题的冰箱。这位厂长告诉他的团队，从这之后，他们将以一家满足用户期望的公司而闻名。在接下来的30年里，这位名叫张瑞敏的经理成了海尔集团的首席执行官，海尔估值187亿美元，是世界公认的最大的家电企业。自1984年成立以来，张瑞敏领导下的海尔集团走过了这样的一段历程。从最初只有七名员工和一种产品的普通冰箱企业，发展成如今拥有七万多名员工和数百万种产品的全球巨头。坚持不懈地专注于创新、深入了解用户的需求是海尔成功的秘诀。

海尔的发展历程始于20世纪80年代中期，当时中国在很大程度上还是一个封闭的经济体。当时，中国正处于大规模的经济转型期，而海尔正是抓住了这一机遇，生产出中国普通消费者买得起的优质产品。20世纪90年代初，海尔开始走出国门，首先进入东南亚，然后进入欧洲和北美。当第一台现代冰箱推向市场时，大受欢迎。生产这种革命性电器的公司销售额自然直线上升。虽然海尔的成功部分归功于其积极的扩张战略，但该公司之所以能够取得令人印象深刻的增长，还因为它注重创新。长期以来，海尔一直是"开放式创新"的倡导者，这种理念强调合作和分享想法的重要性。这一理念使海尔能够利用员工、用户和合作伙伴的集体智慧，创造出更好的产品和方案。

海尔的成功并不仅仅归功于其尖端技术或高效的生产流程。它的成功在很大程度上归功于其独特的组织结构和文化——"生态系统组织"。它建立在三个关键概念之上：（i）为每个人创造价值；（ii）不断变革；（iii）合作共赢。

海尔的组织结构和文化就是建立在这些概念的基础上，并将其真正落到实处，而不仅仅是浮于表面。每个人都可以自由地行动，创造他们所崇尚的价值。实际上，这使得公司员工可以毫无顾忌地尝试新事物。他们很少需要得到上级的许可，这意味着，他们可以自由地进行尝试，并受到鼓励。

传统的等级制组织有着极高的任务完成度，但在创新方面却很薄弱。生态系统组织颠覆了这一传统模式，更加重视为每个人创造价值。在生态系统组织中，每个人都是领导者，每个人都有责任为公司创造价值。由于人们不受等级制度的限制，这种组织结构允许更多的创造和创新。生态系统组织还基于不断变化的原则。在传统组织中，变革往往被视为需要谨慎对待甚至是需要被避免的事情。

但是，在生态系统组织中，变革被视为开展业务的必要组成部分。这是因为它认识到，世界在不断变化，想要发展就必须与时俱进。海尔深知这一点，并认为自己需要跟随环境的变化而变化，以保持领先地位。换句话说，生态系统组织在不断发展，为此，海尔不断寻找改进和发展的方法。这一理念在公司的产品中得到了一定程度的体现，在海尔，新的技术发展总是被融入更新的产品中。海尔组织工作的方式也体现了这一点。例如，公司实行"扁平化"组织结构，即没有等级层次或头衔。这种扁平化结构使员工之间的沟通和协作更加直接。

我们对海尔的研究聚焦于他们的员工社群，他们自主地与其他参与者建立联系，形成自己的生态系统。海尔将这些社群称为生态链小微群，简称链群（ecosystem micro-communities，EMC）。这些链群是由希望张扬个性并推动企业某一方面发展的员工建立的小微聚合而成。链群专注于特定的用户体验，并随着不断发现新用户的需求而发展壮大。例如，可以成立链群来负责公司的食联网（IoF）业务或智慧厨房业务等。这就为希望掌控自己的未来或在海尔的生态中经营自己的小微企业的新老员工建立了一种文化。链群生态系统的成员包括用户、供应商、农民、合作组织和其他拥有互补产品线的链群。因此，尽管链群可以被看作一个独立的单元，但实际上，它以一种类似于网络的结构与一个更广泛的生态系统相连接，在这个生态系统中，信息是完全共享的，以便继续开发满足用户需求的解决方案，有时还需要创建一个子链群（见图 2.1）。

以海尔的智慧厨房链群为例。它与家具公司、数字技术公司、厨师、

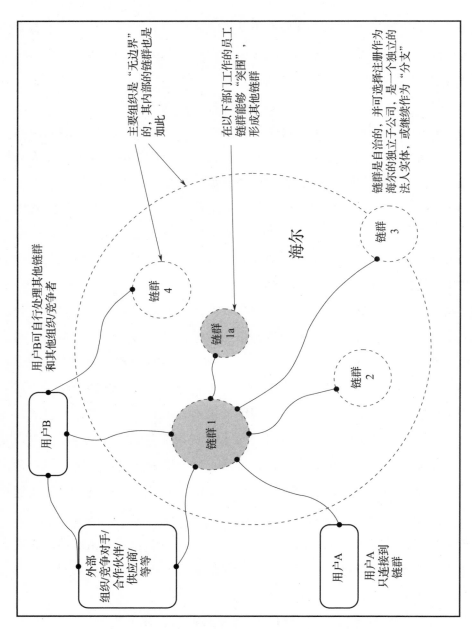

图 2.1 海尔的生态链小微群

食联网链群等其他各种实体相连。换句话说，这个智慧厨房链群能够有效地整合生态系统中的所有资源，以满足其业务需求。用户可能想要安装厨房，但不需要所有使其"智能"的技术，该链群仍然能够交付产品并维护用户关系，以备未来需要智能组件。

在这种情况下，链群确保其目标考虑到其运作所需的所有联系。没有这种生态系统思维，就不可能有链群。在运营智慧厨房链群时，员工可能需要与洗碗机链群或冰箱链群等合作，以便为用户提供"完整"的服务。这些链群中，有几个是由海尔内部的创业者经营的，他们有权自己做决定，规划自己的活动，以前所未有的方式进行创新，等等。谁会想到海尔这个电子产品巨头现在还经营家具呢？海尔智慧厨房链群的触角已经伸到了家具领域。因此，随着新的用户需求推动新的链群和产品线的出现，海尔公司的增长潜力是无限的。

海尔公司的管理和文化是其成功的两大原因。海尔致力于为每一个人创造价值、持续变革和合作共赢，这使海尔形成了自己独特的管理氛围。这些原则也使海尔能够利用其员工、用户和合作伙伴的集体知识创造更多价值。海尔明白，它不可能独自完成所有工作，只有与其他组织合作才能取得成功。因此，海尔建立了一个庞大的合作伙伴和供应商网络，与他们密切合作，尽可能创造出最好的产品。这种双赢理念不仅适用于商业伙伴关系，也适用于公司员工，因为公司坚信必须为每个人创造价值。我们发现，所有这些理念的核心是公司的管理哲学——人单合一。

人单合一模式

在人单合一一词中，"人"指的是员工，但这些员工并不局限于企业某一特定部门内的人员，还包括那些自发提出新的有竞争力的项目的人。在人单合一模式中，员工并不是被动地执行命令，而是通过与三个关键成员建立动态伙伴关系，积极参与创业（见图2.2）。

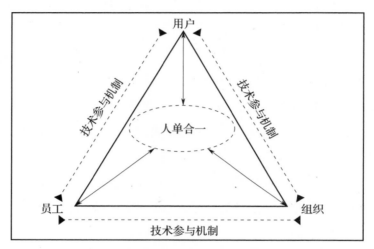

图2.2　人单合一的三位一体：三个关键角色相互关联，密不可分

员工参与组织的管理，参与有关业务、人员和薪酬的决策。"单"指的是用户价值，它描述的是一种自主性的竞争，而不是组织高层设定的任务，这也强化了员工在组织中的积极作用。"合一"侧重于为用户创造的价值与利润之间的一致性，所有相关人员都可以分享利润。换言之，人单合一模式下的员工应专注于创造用户价值，并将用户价值转化为全体员工共享的利润。

在大多数等级森严的组织中，员工报酬往往与职位和资历挂钩。员工的工作就是执行命令，然后接受上级的绩效评估，整个企业则从中获取利润，并向员工支付报酬。在人单合一的组织中，奖励制度则完全不同。员工有责任为用户创造价值，而根据他们的业绩，员工也会得到相应的奖励。这通常由用户（我们也称其为顾客）的评价来衡量。因此，员工获得的利润份额与其创造的价值直接相关。

鉴于员工与用户之间的共生关系，这种动态变化改变了组织与其员工之间的关系。

组织的任务是建立一个涉及组织自身、用户和员工的功能网络。组织要成为积极互动的催化剂，为三方的持续互动提供"平台"。这样，一次性的交易互动就会转变为以持续、个性化和响应式互动为特征的相互关联的关系。这种互动使即时反馈、意见批评成为可能，并使员工产生更强的目标感和满足感。这给员工带来了一种自主感，让他们感到企业是在企业内部运行的。这些自我驱动、相互关联的自主企业集团解释了为什么海尔能够在全球主要市场家电行业不景气的情况下仍然实现增长：2021 年第一季度，海尔全球营业额和利润同比分别增长了 28.7% 和 104%。通过这一革命性的模式，海尔在全球范围内建立了包括 71 家研究院、30 个工业园区、122 个制造中心和超过 23 万个销售网络在内的用户—员工—组织互动的互联生态系统，并创造了 160 多万个新的就业机会。

人单合一哲学的基本信念

人单合一以人为本的目标将"经济人"变成了"自主人"。因此，人单合一致力于创造一个海尔的张瑞敏所说的"热带雨林"，而不是"有围墙的花园"。要做到这一点，就必须将用户、企业和事物之间的点点滴滴联系起来，创造一个共同创造和价值共享的生态环境，这就是用"热带雨林"来比喻现代商业生态系统的原因。在"热带雨林"中，没有必要以效率的名义牺牲人的主动性和创造性。相反，人是自主的存在，允许自我表达。不幸的是，如今的企业往往像"有围墙的花园"，各种规章制度旨在让"有围墙的花园"自我维持。这未必是件坏事，毕竟各种企业都在这种支撑系统下取得了成功。然而，挑战在于，"有围墙的花园"会隔绝墙外的交流。换句话说，鼓励创造力的创造性互连的巨大潜力是有限的。在物联网时代，开放性是在商业生态系统中生存的关键。事实上，在某些情况下，开放性是用户的要求，他们希望企业运营的每个层面都透明。**人单合一的世界观是将商业环境视为一个生态系统，一个将"个体与他人合作"作为一种信仰体系来运作的"热带雨林"。**

几十年来，西方的管理思想一直在学术界和实践领域占据主导地位。然而，人单合一的管理原则有些不同。该理念基于一系列与"每个人都有潜力，都可以得到发展"这一理念相关的信念。它赋予员工权力，相信他们可以自主决策。这种自主性意味着其基本做法不是告诉人们应该做什么或如何做，而是允许自我表达。这种以员工为中心的方法还与以用户为中心相结合，即在人单合一中，会相信用户的声音。这一点看似显而易见，实际上却相当激进（正如我们在第3章和第4章中解释的那样）。大多数公司都把股东价值放在首位，这可能导致公司的决策将利润置于用户需求之上。海尔反其道而行之，将用户视为生态系统中的关键角色，将用户放在中心位置。这可能意味着所做的决策在短期内无法实现利润最大化，但从长远来看，最终会给顾客带来更好的体验和更高的忠诚度。当然，这并不是说你不应该把重点放在赚钱上。但在做出决定时，应认真考虑用户的需求。这一理念可以应用在很多方面。例如，一家公司可能会专注于创造良好的用户服务体验，即使这意味着要比竞争对手花更多的钱。或者，公司可能会确保产品拥有最高的质量，即使这意味着要收取更高的费用。归根结底，考虑用户需求就是要在信任和相互尊重的基础上建立长期关系。任何公司都能从中受益。快乐的用户是公司的生命之源，只有让他们与公司保持紧密联系才是最明智的选择。

人单合一的第二个理念是，**每个员工都有潜力发挥创造力，为公司的成功做出贡献。**这一理念体现在海尔的扁平化组织结构中，它允许员工有更多的自由进行发明创造。正如我们前面所强调的，这种结构消除了等级层次，让员工更直接地接触决策者，从而加快了沟通和决策的速度。扁平化组织结构有许多优点。首先，它们能促进员工之间的坦诚交流与合作。其次，扁平化组织结构赋予员工更强的主人翁意识和工作责任感。第三，扁平化组织结构使企业能够更加灵活地应对变化。尽管有这些优势，扁平化组织结构也并非没有挑战。由于没有明确的上下级关系，有时很难知道谁负责什么任务。因此，可能会缺乏责任感。关键是要确保制定相应的流程来应对这些挑战，同时赋予组织中的每个人权力。

人单合一的第三个理念是持续改进。 这意味着组织必须愿意进行研究，并以尝试新想法为目标。为了保持竞争优势，企业必须不断努力创造和创新。我们所说的创新既包括产品创新，也包括流程创新。创新不一定是指新产品，还包括企业内部的工作方式。在员工中鼓励创造力和创新可能是一项挑战，但同时也是成功的关键，例如鼓励开放的思想和打破常规的思维，营造合作和知识共享的环境，鼓励冒险（有时最好的想法藏在失败身后），奖励创造性思维和创新解决方案，以及对变化持开放态度（唯一不变的就是变化本身）。毕竟，通过鼓励创造和创新，你将为企业带来最大的成功机会。

人单合一的第四个理念是人才应得到尊重和应有的待遇。 这意味着重视员工的技能和能力，而不仅仅是他们在公司的资历或职位。人才管理自主权可能是一个很难把握的概念，但要想正确管理团队，就必须理解这个概念。自主权指的是个人在没有直接监督的情况下做出决定和采取行动的能力。

换句话说，这就是独立工作的自由。赋予团队成员自主权有几个好处。首先，它允许团队成员利用自己的创造力和知识来解决问题和完成任务。其次，这能激励他们尽最大努力工作，因为他们知道自己的决定将对最终产品或结果产生影响。最后，它还能在你和团队成员之间建立信任，因为他们会觉得你信任他们的能力和判断力。

人单合一的第五个理念是，创业精神是成功的关键。这意味着要鼓励员工像企业家一样思考，即使他们不是在经营自己的企业，这就是创业心态。愿意冒险和创新的人往往能获得回报。我们相信，创业心态是每个人都可以通过经验和教育培养出来的。你并不一定生来就具备这种思维方式，在这种情况下，其他人就会被认为缺乏这种思维方式，而你则可以培养它。事实上，在人人都能成为自己想成为的人的 21 世纪，所有那些"先天与后天"的争论都已经过时了。所有成功的企业家都有一些共同的关键特质，比如决心和韧性。如果你想提高自己的创业技能，有几件事可以做。首先，寻找机会向更有经验的创业者学习。包括阅读相关书籍或文章，参加讲习班或研讨会，甚至跟随某个企业领导者学习。此外，尽量与自己身边志同道合的人互相支持和鼓励。最后，不要害怕冒险。记住，失败往往是最好的老师。这植根于人单合一的管理实践。

人单合一的第六个也是最后一个理念是：变革总是可能的。这意味着，无论公司多么成功，总有改进的余地。公司总能找到优化运营和改善公司的方法。例如，你可以专注于用户服务。这意味着要对用户的需求做出反应，并提供高水平的服务。另一个需要考虑的方面是员工满意度。快乐的员工工作效率更高，也更有可能为公司创造价值。创造一个让员工感到被重视的环境。

要做到这一点，可以为员工提供更好的培训，实施用户反馈系统，并提供更方便、反应更迅速的用户服务选择（我们将在第 5 章详细讨论这一主题）。

作为人单合一基础的这六大信念可以成为你自身管理理念的基础。它们必须融入组织，并在运营的各个层面付诸实施，才能实现效益。

采用人单合一的机遇和益处

图 2.2 中简化的人单合一模型提供了一个工具包，你可以在自己的管理实践中使用。在本章中，我们并不是要你完全照本宣科，忽略自己的实际情况。事实上，我们在管理实践的研究中发现，在海尔的几家子公司中，人单合一的实施是有细微差别的。你在海尔日本公司看到的与你在中国海尔或通用家电（海尔旗下公司）看到的并不完全相同。这就意味着你有机会将这些原则应用到自己的环境中。如前所述，人单合一模式中有四个要素：组织、员工、用户和技术参与机制。这四个要素为你提供了具体的机会。第一个要素是你自己的组织，这是独一无二的，因此我们无法向你展示具体的细节，而其他三个要素则有通用的共性，你可以利用这些共性为你的公司创造出令人惊叹的成果。关于员工，我们将在第 5 章进行深入探讨。对于用户，我们将在第 3、第 4 和第 7 章中深入探讨其应有的复杂性。在全书中，我们重点介绍了技术参与机制，具体内容见后续章节。有鉴于此，采用人单合一所带来的机遇和益处包括从个人到对生态系统的广泛影响。在个人层面，我们看看管理专家维贾伊·佩雷拉（Vijay Pereira）最近领导的关于多层次创新生态系统的研究。这项大型研究是在一家中国跨国企业中进行的，目的是确定通过破坏性的全球扩张和增长部署的战略。

通过对个人层面的研究，研究人员发现了 14 项管理能力，这些能力反映了我们在对海尔进行深入研究时发现的情况。这意味着，管理者在实践中运用人单合一原则有其内在的好处，因为他们有机会按照这些能力的要求实现个人成长和职业发展。这也有利于整个生态系统的组织成长。这些能力如表 2.1 所示。

表2.1 人单合一下个人成长必备的 14 种能力

敏捷性	由于生态系统在不断演变，你需要能够快速识别并适应不断变化的业务环境
创业智慧	你应该能够以企业内部创业的方式开始新的工作，并随时准备尝试新事物
商业头脑	使用以用户和员工为中心的方法的同时也要加强对利润的关注，否则你就会被淘汰
设计思维	以用户为中心的方法意味着你应该提供用户需要的东西，而不是你认为他们想要的东西。设计思维关注用户自身的需求，以用户为中心
颠覆性领导力	准备好领导变革，扁平化等级制度，挑战团队中的其他人，奖励创新，而不是论资排辈
协作心态	这要求我们以开放的态度与生态系统中那些你认为可能是竞争对手的人合作
解决问题和决策	你的生态系统有新出现的需求，你必须准备好从多个角度解决问题，而不是寻找"完美"的解决方案；当你有了最佳解决方案时，要大胆做出决策
研究方向	你与用户的积极互动对于建立强大的研究导向至关重要。相较于等待咨询或建议，寻找它们才是最优解。这样才能为你的研发工作提供动力，使你的组织不断发展壮大
互联技术架构	你参与的技术必须将用户和员工联系起来
数据分析	以人为本的管理理念并不意味着要把数字抛到九霄云外；事实上，所有采用人单合一模式的公司也都将分析作为其活动的核心
项目领导力	这不是简单的项目管理，而是与员工一起构思发起新项目的机会
机器人自动化流程	请记住，由于你的重点是员工和用户，因此你可能希望将重复、枯燥且往往耗时的任务自动化，这样你就可以将人力资源重新部署到更重要的工作上
数字智能和建模	21 世纪的商业生态系统以数字技术为生命线。要么精通数字技术，并据此建立业务模式，要么成为数字移民，了解你现在所处的这个新生态系统。数字移民是指那些必须完全学习新数字技术的人，大多数管理者都属于这一类
可持续性	当务之急是要考虑自己的企业如何对生态系统和更广阔的世界产生影响。无论如何，都要在业务模式上做到可持续发展，但也要仔细考虑如何对整个环境做出贡献

　　这 14 种管理能力为你提供了一个工具包，帮助你确定哪些领域需要努力，哪些员工需要培训，哪些业务需要发展。研究人员认为，这套能力是一种复杂的现象，跨越多种技术，需要管理者和组织在其职能和业务环境中发展广泛的能力。

　　对于实施人单合一模式的组织而言，这些能力为管理者层面的个人成长以及生态系统层面的组织成长提供了机会。例如，适合智能工厂生态系统的管理策略必须考虑互联技术架构（14 项能力之一），既要让用户参与进来，也要让为智能工厂提供支持的供应链参与进来。采用人单合一模式既是行动的号召，也是发展的机遇。正如我们在本书中使用的各种示例和案例研究中所展示的那样，它对你提出了挑战，但其原则也带来了好处。以佩雷拉创新生态系统研究中的小米公司为例（见案例研究 2.1）。

　　小米印度公司通过利用其建立的各种联系，成功地将自己嵌入东道国的生态系统中。我们还发现，在海尔——一家践行人单合一模式的企业中，

案例研究 2.1

小米

　　中国公司小米的故事发生在其国际化战略进入印度后的阶段。作为新进入者，小米在新的生态系统中面临着风险，必须采取措施以应对这些风险。为此，公司在其创新生态系统中的子公司生命周期的各个阶段，通过一套复杂的战略，预先防范、管理和减轻了国外市场的风险，这套战略依赖于上述各个领域的管理能力。这些能力是在进入这一外国市场的四个不同阶段（进入前、刚进入时、当前状况以及未来战略和计划）所获得的经验基础上发展起来的。在公司内部进行的研究表明，小米公司表现出了敏捷性，通过利用生态系统和采取独特的、与具体情况相关的战略，在东道国市场的复杂环境中游刃有余，这些战略将有助于其日后在印度市场的风险管理。

生态系统内的联系非常重要。事实上，生态系统连接非常重要，因此组织必须确保其技术参与机制是专门为确保这一点而构建的。确保你在生态系统中良好运作的一个方法是将你的连接作为基线进行衡量，并持续监控生态系统连接的变化或增长。例如，一个将生态系统中的连接关系映射到图上的简单实验将帮助你确定连接的强度和必须填补的空白。如果你看到与任何特定个人或部门整体的联系，这可能表明你的关键"节点"在组织内部的位置。然后，你就可以采取相应的措施，挑战管理人员和员工，建立他们以前没有的联系，从而确保联系的统一分布。将其视为在价值链与你之间建立统一连接的一种方式。如果某位经理辞职，你是否还能继续使用他或她所拥有的连接？对你的联系进行基线衡量，始终是在你的生态系统内开展新型对话的起点。几年前，我们中的一个人在《财富》200强企业中为一群经理人开展了这项工作。在研讨会上，所有管理人员都被要求写下他们认为在其生态系统中对其工作至关重要的人的名字，并说明原因。然后，这些名字被绘制在图上，并排列在白板上。研讨会结束时，一些管理人员显然需要与更大生态系统中的其他实体/个人/组织建立联系，以填补他们自身工作中的空白。这项工作的关键在于询问为什么这些联系是绝对重要的，并制定维持这些联系的战略。

在你的生态系统中建立联系是构建人单合一组织的一个关键优势，尤其是我们已经经历了新冠疫情所造成的企业倒闭和用户群流失。正如趋势科技（Trend Micro）首席执行官兼北美总经理凯文·西哲（Kevin Simzer）所言，现在是为你的组织重新获得失去的联系和重建用户基础的时候了。

随着许多公司对用户创新的推动力不断增强。密切关注拉近企业与用户之间的距离也意味着要解决安全问题，而安全问题往往与技术创新相关。我们所说的安全是指，无论在你的生态系统中建立了什么联系，都要确保这些联系是安全的。例如，用户必须相信他们的数据是安全的，苹果公司的 App Store 和三星公司的 Knox 系统都做到了这一点。同样，生态系统中建立的所有连接都必须通过技术手段或关系信任度来确保安全。我们知道，如今品牌信任是最重要的，现实是，企业只有在安全的前提下才能实现创新。随着企业发展强大的生态系统以吸引用户，信任意味着保护和降低风险。例如，开发运营团队在开发新技术时会承担风险，但并不总会考虑安全方面的影响。尖端意味着成功弥合创新、用户需求和安全之间的差距。西哲认为，"在当今充满活力的全球市场中，这些都是成功创新的核心支柱"。

但是，当我们认为紧密的联系是采用人单合一的重要好处时，领导者和管理者可能会面临哪些挑战呢？如果员工要对与用户的互动负全责，那么如何在团队内部建立信任、协作与合作？最后，如何打造积极的雇主品牌？这些问题的答案就在于你是否有能力留住优秀人才，因为人才会四处寻找最好的工作机会和条件。这些问题有助于你重新考虑传统组织层次结构的基本假设，从而将一切重新聚焦于支持用户以及面向用户的团队，更重要的是关注自己的员工。由被授权的员工和相互关联的团队组成的扁平化组织结构，是领导新经济时代制胜的组织类型的更有效模式。它可以促进协同工作，取代个人主义，支持共同目标。

商业领袖们就如何应对生态系统时代的领导力挑战提出了一些想法。爱特眼动（Tobii Tech）首席执行官阿南德·斯里瓦萨（Anand Srivatsa）提出了以下建议：

创新的力量取决于打造创新的团队。为用户提供能够对其业务产生重大影响（甚至改变世界）的技术和解决方案，归根结底取决于你的员工以及你如何赋予他们权力。当领导者鼓励他们的团队自由思考、发挥创造力时，他们就会打开空间，将新想法和新技术带到桌面上。随着元宇宙（metaverse）等概念的出现，或眼动追踪等技术被嵌入增强现实和虚拟现实设备，这种长期以来对拓荒的坚持开始得到回报。它们有助于解决企业用户目前遇到的一些挑战，如不自然的协作环境，同时也有助于将一些一直承诺的令人兴奋的技术进步变为现实。

采用人单合一的方法可以为领导者和管理者腾出空间，让他们专注于提供明确的战略方向，并成为自我组织团队的指路明灯。这也有助于团队通过深入的用户互动，专注于推动创新和改进。显然，在生态系统中，领导力仍然十分重要：世界还没有发生太大的变化。不过，重点在于管理者要成为生态系统增长的推动者，而不仅仅是规则的执行者。作为推动者，他们是消除障碍的人，而不是通过官僚程序制造障碍的人。正确的态度不是拒绝批评反馈和辩论，也不是固守已不合时宜的意识形态，而是扩大自己的理解和视野，使决策民主化。因此，成功领导的关键在于在协调与授权之间取得平衡。也就是说最终目标应该是：建立一个以用户为中心的敏捷生态系统，由相互依存、相互连接的小团队网络组成，通过短暂的开发周期不懈追求用户价值的提升，不受等级制度或官僚主义的束缚，并由管理者领导，通过协同工作和奖励集体成就来促进服务文化。

本章小结与思考

请记住，不同的变化可能会同时发生，这些变化会对你为组织做出的决策产生影响。随着经济、法律或商业环境的变化，技术环境也在不断演变，因此技术带来的可能会随着时间的推移而改变。关键是要密切关注并根据需要做出调整。在生态系统时代，灵活性和灵活性是关键。作为管理者，培养一些重要的能力是你在生态系统中发挥领导作用的关键。对于企业来说，海尔是一个很好的例子，说明了企业如何在不断变化的环境中抓住机遇、适应环境并茁壮成长。海尔的成功得益于适应变化，并愿意与商业生态系统中的其他企业合作。它摒弃了等级森严的运作模式，转而采用一种赋予组织内每个人权力的模式。你也可以在自己的组织中借鉴这些经验。

现在，你已经了解了人单合一的原则、支撑人单合一的信念系统以及组织、用户和员工这三大要素，我们将提出一些问题，帮助你思考如何将所学应用到实际工作中。请记住，人单合一为你提供了灵活的方式，使其成为你自己的方法，即在保持"以人为本"核心价值的同时，以适合你自身业务的方式采用其原则。请考虑以下几点：

- 你如何看待贵组织目前所拥有的资源？
- 作为一名管理者，你已经具备了 14 项管理能力中的哪些能力，还必须发展哪些能力？
- 贵组织的建立是为了执行官僚程序和规则，还是为了培养创造力和创业精神？
- 根据你的具体情况，有哪些独特的、尚未开发的机会可将你的组织扩展为一个生态系统？
- 在加深与用户的联系方面，你是否错失了一些机会？
- 你可以通过哪些技术投资来发展和支持员工与用户之间的联系？

参考书目

de Bono, E. (2009) *Lateral thinking: a textbook of creativity.* Penguin Books Limited.

Godley, A., Morawetz, N. & Soga, L. (2021) The complementarity perspective to the entrepreneurial ecosystem taxonomy, *Small Business Economics,* 56 (2): 723–738.

Haier. About Haier, https://www.haier.com/global/about-haier/intro/.

Pereira, V., Temouri, K., Shen, N., Xie, X. & Tarba, S. (2022) Exploring multilevel innovative ecosystems and the strategies of EMNEs through disruptive global expansions – the case of a Chinese MNE, *Journal of Business Research,* 138: 92–107.

Reisinger, H. & Fetterer, D. (2021) Forget flexibility. Your employees want autonomy, *Harvard Business Review,* https://hbr. org/2021/10/forget-flexibility-your-employees-want-autonomy (accessed 19 August 2022).

Soga, L. , Bolade-Ogunfodun, Y. & Laker, B. (2021) Design your work environment to manage unintended tech consequences, *MIT Sloan Management Review.*

Soga, L. , Bolade-Ogunfodun, Y. , Islam, N. & Amankwah-Amoah, J. (2022) Relational power is the new currency of hybrid work, *MIT Sloan Management Review.*

Soga, L., Laker, B., Bolade-Ogunfodun, Y. & Mariani, M. (2021) Embrace delegation as a skill to strengthen remote teams, *MIT Sloan Management Review,* 63 (1): 1–3.

Zhou, Y., Xi'an Jiaotong University & Haier Group (2017) Letter to the editor: Haier's Management Model of Rendanheyi: from Sea to Iceberg, *Management and Organization Review* 13(3): 687–688.

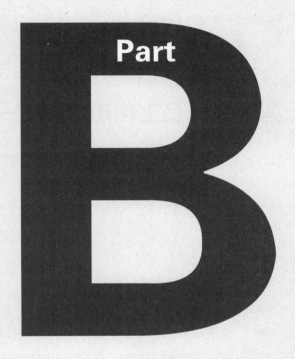

Part

B

第二部分

加　强

哪些因素会影响用户与员工之间的关系？深入探究，将人单合一付诸行动。没有员工，企业将一事无成；没有用户，企业也将一事无成。是时候加强人单合一三方关系中所有要素之间的联系了。

Closing the Service Gap:
How to connect customers,
employees and organisations

第 3 章　员工和用户是合一的

导言

　　人单合一哲学的基石之一是重视用户在小微团队中的核心作用，同时也坚持员工的核心地位。这从概念上说明，用户是链群诞生、运作和发展的关键因素，而员工则是这一生态系统的驱动力。这是对用户概念的一种大胆尝试，而用户通常是从"由外向内"的角度来考虑的。"员工和用户是合一的"这一观点表明了一种内在联系，即两者缺一不可。这种概念层面上的关联还假定了一个没有边界的组织，也就是说对于谁在组织内、谁在组织外没有明确的界定。

　　这与当代组织的变革趋势相吻合，并为人单合一模式提供了重要背景。从这个意义上说，用户与员工之间密不可分的关系提高了管理实践的标准，因为管理实践不必只考虑内部流程就能取得高效收益，因为内部流程也是开放的，会对外部流程产生影响。因此，在人单合一管理模式下，内部与外部的二分法受到了挑战。后面，我们将着重展示这种关系的共生性质，以及它如何与作为生态系统动态单元的企业管理委员会的成功联系在一起。

影响用户与员工关系的因素

用户和员工是更大的关系网络中不可分割的一部分，其目的是为组织的利益相关者实现若干成果。这些关系横跨监管机构、市场竞争空间、供应链、研发机构、组织伙伴关系和其他战略联盟。对企业组织而言，其利益相关者群体的多样性表明结果也是多方面的，包括可量化和不可量化的方面，如收入、盈利能力、产品线多样化、对所生产产品和服务消费的满意度、市场份额的增长和链群的扩展。

在典型的资本主义工作环境中，作为利益相关者的员工与用户的关系往往被视为纯粹的交易关系，尽管这种关系旨在互补互利。员工努力为用户提供服务，而用户则为员工提供的服务付费。虽然这似乎是一种直接的交换关系，但有许多相互关联的因素影响着雇员与用户之间的关系。这些因素包括组织结构、组织目标和对这种关系的基本假设。这些假设体现在可观察到的组织文化中，如其所信奉的信念、价值观和实践等。为清楚起见，不妨按顺序来处理这两个关键行为者。从组织开始，员工通常被视为劳动力的提供者，并通过工资或其他奖励制度（可能包括非经济形式的报酬）获得劳动报酬。

从批判的角度看，通过传统招聘模式进入企业的员工通常被视为生产职能中的资源，即与其他资源（如土地、原材料或各种形式的实物资本和金融资本）相整合的资源。总体目标通常由企业领导者根据竞争激烈的市场空间和增长目标来确定。另一方面，用户往往被视为在组织的边界之外，但却是组织连续性不可或缺的一部分，因为他们代表着组织活动的对象，同时他们还拥有有价值的信息和资源，也就是企业持续经营所需的财务资源。企业的目标是根据对用户的吸引力以及他们愿意为之买单的理念制定的。企业还会时常从用户那里获得反馈，以衡量其服务质量，并为此部署不同的机制。这种对用户与组织关系的狭隘看法表明，决策和权力实际上属于组织，而用户只是这些决策结果的接受者。

就组织结构而言，传统的商业模式是由典型的官僚结构（科层制）演变而来的，其特点是职能专业化、权力等级制、规则体系、劳动分工和非人格化。尽管官僚组织形式的特征依然存在，但现代的工作组织形式已经出现。例如，你目前所在的组织很可能有政策、程序和流程作为其活动的基础。与此同时，更多的后官僚组织形式为员工留出了自主决定空间，以解决新出现的问题。员工、用户和战略伙伴之间的权力假设也是用户与员工之间关系的驱动力。在较为传统的组织形式中，正式权力掌握在组织内部，而在链群模式下，非正式权力则掌握在用户手中，这就为这种关系提供了巨大的价值。与传统的由组织内的领导者做出对用户（被认为是组织外的人）有影响的决策不同，链群模式将企业的所有成员都视为企业的"主体"。换句话说，链群是由用户需求驱动的，然后由员工来实施，因此存在某种权力平衡，但用户本身并不是"上帝"，而是合作伙伴。（我们将在第4章更深入地讨论用户的概念。）

与员工角色有关的人单合一

根据塔尔科特－帕森（Talcott Parson）社会学功能主义的基本原理（见参考书目），我们往往会发现自己在人类社会中扮演着各种角色。在组织生活中也是如此，组织中的每个参与者都必须发挥其独特的作用，以确保其成功运行。

这一基本需求并没有因为践行了人单合一的理念而消失，而是以一种同时维持组织内其他角色的方式得到了加强。我们所说的组织是指新概念化的无边界组织。因此，员工的角色与用户的角色错综复杂地交织在一起。人单合一的理念认为，员工和用户是合一的。换句话说，如果一个组织缺少了员工和用户，就一定不会正常运转。用户的缺失与员工的缺失一样，都是对组织的威胁。例如，如果没有公共汽车和保证公共汽车行驶的辅助设施网络，就不可能有公共汽车司机。这包括道路、加油站、乘客、交通信号灯、公共汽车站等。缺少任何一个让公共汽车在路上行驶的要素，都会对公共汽车司机的生存构成威胁。换句话说，没有所有这些元素的组合，你也就不会存在。这一观点植根于拉图主义的行为者—网络本体论，在这一本体论中，行为者离不开其所在的网络。人单合一对员工与用户的关系也有类似的理解，它承认用户或员工这两个实体的独特性，同时抹去了两者之间的概念界限。如图 3.1 所示，人单合一打破了组织的固有界限，使用户与员工之间形成了一种合作关系。

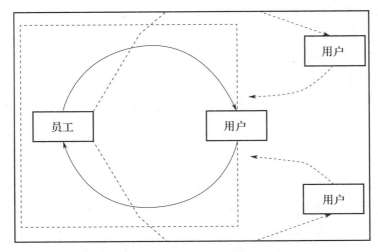

图 3.1　在无边界人单合一的组织中连接员工和用户

从理性上讲，员工仍然是员工，用户仍然是用户，但在人单合一的理念中，用户与员工享有同等待遇。例如，你需要支持员工履行职责，以实现员工满意度。你通常会（希望）向他们提供所需的资源，以各种方式让他们参与进来，安排相关会议，组织活动等，以便让员工在工作中发挥最大作用。这与对待人单合一下的用户的态度是一样的。也就是说，我们需要给予他们类似的待遇，支持他们扮演好顾客的"角色"，以使顾客满意。作为"组织成员"的一部分，他们还将获得提供给他们的必要资源，可能是信息资源或技术资源，以确保他们购买的产品继续发挥应有的作用。他们也会参与其中，至少是听取用户的反馈意见和建议，以便让现在已成为组织成员的用户发挥最大作用。因此，组织—员工关系和组织—用户关系的重要性是相同的。要在组织内实现人单合一，就必须在概念上加以明确。

用英国社会学家约翰·劳（John Law）的话说："拿破仑与平民没有什么不同。"对待用户与对待员工不能有任何区别。他们会像员工一样被接触和理解，因为践行人单合一的组织离开任何一方都无法生存。这就引出了一个问题：无论如何，组织都需要用户和员工，这难道不是一个不争的事实吗？对于传统组织而言，这个问题的答案在理论上是简单明了的。然而，在实践中却有细微差别。就前者而言，管理者会宣扬用户的重要性，认为用户是"上帝"。这意味着，"上帝"被当作统治者，而员工则是必须满足"上帝"愿望的仆人。其结果是，"上帝"从门外进来，对门内的员工发号施令。如果不能满足"上帝"的愿望，往往会导致抱怨、质疑和赔偿，同时也会使工人感到沮丧，他们无法抱怨，只能选择忍气吞声，否则就有可能丢掉工作。与当地杂货店的工人聊上几句，你就会明白比我们在这一页书上所能获得的更深刻的道理。但事情并不一定要这样！在人单合一模式中，对用户和员工的理解是不同的。他们不是主仆，而是合作关系，不仅需要交付用户想要的东西，而且在他们互动为用户生产所需产品时，双方都相信会满足用户的需求。这就改变了员工的传统角色。他们不仅要设法满足用户的奇思妙想，而且作为同事与用户合作，共同提供满足用户需求的产品。项目管理中常说，用户想要的不一定是他们需要的。我们的想法是与用户合作，确保项目效益的实现。对于人单合一模式中用户与员工关系来说，这一点再正确不过了；只是在这种情况下，并不存在"项目收尾"一说，各方的关系会以某种方式持续下去（见图 2.2）。

员工技能与用户需求的对比

西方组织的传统人员或资源配置管理方法的指导思想是"方孔里装方钉，圆孔里装圆钉"。意思是将合适的人安排在适合他们的工作岗位上。因此，人力资源管理实践旨在通过一系列系统性流程来实现这一目标。多年来，这些流程一直是员工管理原则的基石，至今仍有很大影响。这些流程包括招聘、选拔、入职和指导、培训与发展、绩效管理以及薪酬或奖励制度的设计。

这一传统模式的思想是，雇用拥有合适技能的人可以确保员工适合这份工作，并变得富有生产力。这些技能包括沟通、团队合作、领导力、分析和关系管理技能。

在链群中，一系列类似的技能都受到重视，但创业敏锐度尤其受到推崇。这种组织倾向虽然在链群模式下很有价值，却给那些可能不认为自己是创业者的员工带来了挑战。事实上，有证据表明，在海尔推行人单合一的早期阶段，很多员工选择离开而不是创业。但与此同时，对创业技能的重视也为接受挑战的员工提供了灵活发展新技能的机会。因此，链群模式下的招聘政策更多的是基于灵活创业的理念，而不仅是基于是否合适。尤其是，链群模式对员工的新想法持开放态度，并通过提供所需的平台支持和资源，为他们提供创办新的小微的机会。在人单合一管理模式下，用户为员工的产品设计提供战略意见，因此对链群的持续存在至关重要。然而，更关键的是，员工需要在组织内部展示创业或内部创业技能，以准确满足用户需求。链群领导者对用户及其不断变化的品位和偏好有着敏锐的观察力。他们对用户人口结构有细致的了解，对市场（和潜在市场）有深刻的认识。在某些情况下，他们会决定从现有的链群中分拆出其他新的链群，以便更好地为用户服务。这种工作环境表明，尽管传统上可以说链群存在于正式组织之外，但用户将自己视为链群的一部分，从而形成了一种动态而又整合的工作流程。

在传统的组织概念中，为达到关键绩效指标（KPI）的驱动力可能会使员工专注于有助于达到 KPI 的活动，而不管是否满足了用户的需求。这种以目标为导向的行为构成了目标转移的表现形式，有可能导致员工与用户之间的摩擦。与传统的组织结构相比，人单合一模式提供了一种更符合用户需求的组织结构。

员工与用户之间的共生关系通过将权力基础转移到主要驱动员工活动和行为的用户身上，消除了潜在的摩擦点。人单合一管理模式并非没有自己的关键绩效指标，不过，这些指标是以用户为中心设计的，这种结构为员工实现这些指标提供了动力（第 8 章将更详细地讨论这些关键绩效指标）。

此外，传统组织的边界保持了其独特性，并将其与竞争者区分开来，同时也产生了成员和非成员。管理人员和员工仍然是传统的组织成员，而用户或顾客则属于非成员。因此，用户在传统上并不被视为组织成员，而是被视为光顾组织的局外人。人单合一管理模式挑战了这种隐含的顾客概念，它消除了组织边界，使顾客和员工彼此属于同一个部分。因此，从这个意义上说，会员与非会员之间的摩擦被消除了。链群以开放的组织边界运作，涉及合作伙伴、用户和供应商，他们共同为用户提供解决方案。

　　案例研究 3.1 考察了海尔在 2007 年收购日本三洋公司的冰箱业务并在五年后接管三洋公司整个白色家电业务之后实施人单合一的情况。海尔认为，员工和用户是合一的，反之亦然，这意味着海尔需要一支积极进取的员工队伍，随时准备与用户接触，这是人单合一模式的基础，也与被收购公司多年来的做法背道而驰。2007 年海尔收购三洋冰箱业务时，三洋 70% 的员工年龄都在 50 岁以上。当时的业务部总监 59 岁，下面还有四五个 57

案例研究 3.1

海尔收购日本三洋公司

　　在进入日本市场 20 年后，海尔在日本建立了一家工厂和两个研发中心，目前经营着两家销售公司，实现了生产、销售和研发的一体化。海尔在日本雇用了约 700 名日本员工，承担着从产品开发到售后服务的整个过程，同时还要关注用户对品牌的认可度。2002 年进军日本市场后，海尔于 2007 年收购了三洋的冰箱业务，并于 2012 年接管了三洋的全部白色家电业务。海尔在日本的发展历程经历了从自主开发到收购、再到自主研发产品的过程。

　　海尔的组织文化与日本三洋公司的组织文化截然不同。这种差异也许反映了日本社会传统的官僚组织结构，这在大多数工作场所也很明显。例如，三洋公司的招聘方法、年功序列和终身雇佣模式都需要经过几级管理者的批准，这些都显示出一个高度官僚化的过程。相比之下，海尔一直在实施一些组织变革过程，包括将职能部门转变为支持平台，将领导者转变为资源提供者，从而建立起一种平台化的组织结构，鼓励每个员工在日常工作中面向用户。要在新收购的三洋公司内部产生同样的影响，使其文化与海尔文化相融合，无疑是一项重大挑战。更重要的是，人们越来越清楚地认识到，在日本社会中，一个中国品牌要想赢得用户的忠诚，就必须采取措施，打破员工与用户之间的等级联系，将员工与用户紧密联系在一起。

　　海尔很快意识到，为了实现该模型提出的用户驱动的组织结构，实施人单合一是至关重要的。

　　值得注意的是，在日本经济发展的早期阶段，年资制和终身雇佣制发挥了重要作用。这些传统方法构成了一种运行模式，历经几代人的传承，在日本备受推崇。然而，时代的变迁和市场的竞争使这种模式暴露出许多弊端。弊端之一是，这种模式造就了一种以资历和职位而非生产率为基础来获取报酬的劳动力：工人只需等待成为资深员工，便可获得晋升。因此，以资历为基础的制度扼杀了初级员工的创造力和创新能力，因为他们很难打破年龄和资历的人为界限来展示自己的创造力。海尔需要年轻的员工队伍来实现其转型目标。

岁或58岁的人，都在等着升职接替总监。员工的业绩并不重要，重要的是混日子，直到轮到自己升职。海尔决定引进平均年龄25岁的年轻员工来改变现状。

　　这些年轻员工肩负着领导业绩目标和效率的共同愿景，他们的薪酬现在将由这些指标而不是资历驱动。自下而上的缓慢方法开始扭转三洋（现属海尔）的颓势，这些年轻员工开始通过关注用户、建立关系和运用人单合一来推动增长，以确保倾听用户的声音并满足他们的需求，从而实现他们的绩效目标。三洋日本研发部门的负责人久保田先生在谈到公司之前的业绩时说："我们是按照总监的指示开发产品的，开发出来的产品需要满足上级的要求。负增长是销售部门的责任，与我无关。"

　　在并购之前，研发部门已经连续10年出现赤字，而负责人却否认对此负有任何责任。该部门没有认识到自己的主要责任与用户息息相关，而他们需要为用户创造和提供价值。因此，实施人单合一需要渗透到组织的方方面面。员工的态度需要转变，每个部门都需要转变。

　　实施人单合一并不是简单地将一个概念付诸实践，而是对组织的全面改造。在日本，与之挂钩的是将薪酬制度从资历和职位改为绩效目标。具体来说，海尔将三洋原有的 12 个月工资加 4 个月奖金的薪酬安排改为 12 个月工资加不封顶的奖金。这一改革意味着，除了保证最低收入外，员工的潜在总体收入可能会大幅增加。这并不是一种平均主义的做法，而是一种以绩效为基础的过程，奖励的是员工所做的工作，而不是他们在公司工作了多长时间或拥有什么职位。这些策略为年轻员工提供了某种形式的激励，这让他们希望展示自己的能力，同时也希望自己的努力能得到回报。

在实现高绩效的过程中，员工奉行了人单合一的原则，即拉近与用户的距离，以了解用户的需求并提供价值。为完成这一任务，技术的作用必不可少。最初，技术被认为是员工与用户接触的一种手段。后来，技术成为员工和用户交流思想的平台，拉近了与用户的距离。由于用户与员工之间的大门一直敞开着，人单合一的实施现在已开始生根发芽。

海尔集团收购三洋是其第一个海外项目。当时，中国企业刚刚开始收购海外企业。海尔是一家来自发展中国家的家用电器公司，却收购了一家处于衰退期的日本 500 强企业，这在当时并不多见。从市场预测的角度出发，海尔的形势并不被看好，但海尔的人单合一管理模式改变了游戏规则，如今海尔已成为日本的成功典范。

深化与技术关系的实用步骤

人类与技术的关系始终难以捉摸。虽然我们（也许是无知的）认为自己知道人类是谁（至少目前是这样），但我们与自己的创造物（在这里指技术）之间的关系不断暴露出我们作为人类的无能。人单合一的管理理念从另一个角度塑造了人类与技术的关系。如前所述（第 2 章），技术参与机制是组织、员工和用户三位一体的核心，是将这三个要素结合在一起的黏合剂。从本质上讲，将三者结合在一起的是以人为本的人单合一，但在实践中，技术有助于将人单合一的所有参与方聚焦在一起。

海尔日本公司的案例研究 3.1 显示，技术的应用促进了员工与用户之间的关系。人们可能会认为，技术是这种关系的推动力，特别是由于组织现在是一个多孔（实际上是无边界）的实体，因此必须有某种东西作为连接器，将所有要素连接在一起，因为组织不可能像公海那样存在。因此，技术在人单合一组织中发挥着关键作用，只不过它不仅仅是用来将用户和员工联系在一起的工具，而是各方参与其中的平台或空间。换句话说，将技术视为一种工具的观点并不成立，因此，如何与技术建立一种新的关系就成了一个值得关注的问题。

从这个意义上说，参与人单合一组织的连接技术与其他相关方一样都是参与者。作为所有人单合一参与者的平台，技术被隐秘地赋予了"场所"的地位，尽管它并不是一个场所。例如，"我要去办公室上班"假定办公室是个人进行某种活动的场所。这个人必须待在办公室里，并利用办公室来完成工作。同样，人单合一组织中的技术参与机制也可以被视为汇集用户和员工的"场所"。要加深对这一场所的参与，个人必须选择"前往"该场所才能参与其中。因此，技术必须是所有成员都能进入的友好场所。弗雷德·戴维斯（Fred Davies）在 20 世纪 80 年代末的研究表明，如果个人认为某项技术便于使用，他们就会接受该项技术。因此，深化与技术关系的实用指南是：

- 让技术尽可能成为一个温馨的场所，让人单合一的所有参与方都能毫无拘束地参与其中。为此，你可以确保技术对用户友好。这可能意味着（在可能的情况下）要与开发人员密切合作，确保用户界面简单易用。我们最近与一家财富 500 强组织合作，该组织联系了谷歌，以帮助改善

Google Currents 的用户体验，Google Currents 是谷歌拥有的企业通信和团队协作平台。

- 必要时，考虑（重新）设计自己的技术，以提高直观性。虽然有几种现成的技术可以采用，但你可能希望有一些更特殊的技术来满足你的独特需求。事实上，这有时可能是一个品牌问题，你希望运行自己的通用技术。例如，沃尔格林博姿联盟（Walgreens Boots Alliance）运行自己的 Pharmacy Unscripted® 平台，用于内部企业沟通。

- 定期更新系统，防止潜在故障的发生。无论你使用什么技术，都要始终假定它处于永久测试阶段。换句话说，你的技术平台并不是一个一劳永逸的软件应用程序。通过软件更新，往往可以减弱或防止对技术的恶意攻击。

- 对创新技术持开放态度，这些技术不像传统内联网那样以"内部"为中心，而是面向外部，以确保你的人单合一组织真正向其成员开放。同时，确保必要的加密技术到位，以建立对技术使用的信心。这意味着要注意安全问题，确保技术平台上的所有用户都能免受网络攻击，并确保平台上共享的信息安全。

- 赋予技术用户尽可能多的"管理权限"。他们应该能够更改与自己相关的设置。这能确保他们在使用技术时感到被信任，并以有意义和值得信任的方式与其他用户互动。

不将员工和用户联系起来的危险

战略管理，特别是市场营销领域的研究通常与以用户为中心的企业经营方法相关，因为用户被认为是可预测收入流的关键，因此也是可持续商业模式的关键。战略营销学者斯坦·马克兰（Stan Maklan）在 2011 年发表的文章《为什么用户关系管理会失败以及如何解决它》以及吉恩·科菲尔德（Gene Cornfield）在 2021 年发表的题为《认识用户的目的是增长的关键》的文章都表明，用户与员工之间的关系对于识别用户痛点、了解用户需求、细分市场、锁定特定群体以及定位企业品牌都具有重要意义。换言之，员工是提炼用户需求的重要过滤器。在将用户的需求和愿望转化为可操作的回应和解决方案以满足这些需求方面，员工尤为重要。不言而喻，员工也可能无意中造成信息的泄漏。这种信息泄漏会造成新业务机会的丧失。链群模式试图通过在用户和员工之间建立一种密不可分的关系来捕捉这种泄漏，这种关系基于人单合一哲学以及其他因素，如共同的目标、共同的收入、分布式领导、通过其他相关衍生产品增加收入和增长的潜力。因此，如果最终用户与员工之间存在脱节，那么在了解员工不断变化的需求方面就会失去方向感，并造成稀缺资源的浪费。这将使企业在竞争中处于不利地位，并可能丧失市场份额。

知名教授罗恩·阿德纳（Ron Adner）最近发表了一篇题为《共享价值，实现生态系统的成功》的文章，指出传统的以自我为中心的方法已不再可行，应采取生态系统的方法，让各利益相关方共享价值。这与仅以公司为中心的传统结构形成鲜明对比。如果一家公司被定位为围绕它的生态系统的中心，那么其增长潜力可能会受到限制。

因此，为了巩固员工与用户之间的联系，有必要扩大权力基础，将用户作为为组织带来价值的关键利益相关者。他们价值不仅体现在揭示当前需求方面，还体现在传递不断变化的未来需求信号方面。然后，这些信息构成了战略基础，在此基础上，企业可以提供量身定制的产品，以满足不同市场的用户需求。这样，用户和员工都在为促进对方的利益而努力。

有一些关于用户关系管理的研究强调，企业必须树立服务理念，建立正确的组织结构和信息管理系统，以满足用户的动态需求。这些研究包括管理学者乔治·戴（George Day）在 2003 年发表的题为《创建卓越的用户关系能力》的论文，以及斯坦·马克兰（Stan Maklan）在 2011 年发表的关于确保用户关系管理成功的文章。然而，重要的是要解决员工层面的问题，因为这对稳定用户的满意度至关重要。尽管在用户关系营销方面花费巨大，但研究用户关系管理的斯坦·马克兰认为，积极的员工体验有助于为企业创造更多价值。有鉴于此，人单合一模式在授权、自主性和创造性方面大有可为，而这正是许多员工所欢迎的。通过提供更多的自主权、与用户更密切的接触、产生新的经营理念和支持创建小微的机会，为员工提供了经济和非经济形式的激励。这样，他们既能实现满足甚至超越用户需求的目标，又能实现组织的增长目标。

即时吸引用户和员工的创意

我们发现，让用户和员工参与进来已不再是一种选择。在竞争激烈的市场中，用户的呼声越来越高，忽视他们或仅仅倾听他们的声音都不是人单合一的哲学所提倡的。关键是让用户参与进来，除此之外，还要让用户融入组织。

我们将为你提供一些这方面的建议：

- 重新定义员工的角色。为此，你可以在绩效衡量标准中规定一个面向用户的要素，包括员工与这些组织新成员直接或间接互动的程度。

- 除了利用社交媒体回应用户，还要利用社交媒体与用户建立联系。这意味着你应该积极主动地与用户接触和沟通，而不是等用户提出疑问或投诉后才做出回应。例如，积极主动地与用户建立联系可以包括在获得公司当前业绩的第一时间发送更新信息，分享公司的发展计划，表明公司希望进入的新业务领域，以及公司最近取得的成就。通过这种方式，用户可以获得归属感，因为他们可以很好地了解公司的业务发展情况。

- 将组织对用户的定位从"局外人"转变为"局内人"。你可以定期为员工举办培训课程，分享新愿景及其对企业的影响。这有助于获得员工的认同，实现真正开放的组织边界，促进所有利益相关者在共生互利的关系中分享价值。

- 组织用户活动，以保持沟通渠道畅通并产生创新想法。同时发放相应的奖励，因为这些奖励制度是重视用户忠诚度的信号。

- 邀请用户群体进入公司，与员工进行实际接触。大张旗鼓地宣传，让整个生态系统都知道。确定主要用户，将他们变成品牌的拥护者。他们将作为有效的形象大使向世界讲述自己的故事。你的用户往往可以比有影响力的人对销售有更大的帮助。你追求的不仅仅是销售产品，而是建立关系。

本章小结与思考

在本章中，我们介绍了人单合一模式如何将用户提升为商业生态系统中强大的利益相关者，并将他们定位为内部人而不是外部人。因此，当员工和用户通过人单合一结合在一起时，内部人和外部人的二分法就受到了挑战。因此，我们强调，用户在小微中的领导地位与员工类似，这是一种非常规的观点。

- 作为"领导者"，用户在提供战略决策所需的关键数据点方面发挥着重要作用，因此与链群的形成、结构和演变直接相关。我们谨慎使用"领导者"一词，以免产生生态系统中的其他元素是"追随者"的想法。恰恰相反，我们使用"领导者"一词是为了表明，我们拥有一个允许或鼓励用户发挥主观能动性的环境。因此，随着用户需求的不断发展，链群直接响应用户需求的增长。换句话说，我们对企业多媒体中心的目的有一个共同的理解，即它的存在是为了服务用户，同时让用户意识到企业在满足他们的需求方面所扮演的角色。

- 用户的声音非常重要，并且反映在链群制定的战略决策中，包括为用户提供解决方案的合作伙伴关系或扩展和分拆其他链群的决策。这种以潜在无限方式扩展的固有倾向推动了生态系统以及最近的物联网的形成。

- 为确保持续的生产力，要像对待员工一样，注重直接满足用户的需求。为实现这一目标，你可以利用一切有助于实现这一目标的资源，包括战略性地利用技术来促进员工与用户之间的相互联系。因此，一个践行人单合一的组织必须明白，员工和用户是合一的，并采取措施确保员工和用户在其管理实践中的中心地位。

参考书目

Adner, R. (2021) Sharing value for ecosystem success, *MIT Sloan Management Review,* https://sloanreview.mit.edu/article/sharing-value-for-ecosystem-success/ (accessed 14 November 2022).

Callon, M. (1986) Some elements of a sociology of translation: domestication of the scallops and the fishermen of St Brieuc Bay, in J. Law (ed.) *Power, action and belief.* London: Routledge, pp. 196–233.

Callon, M. (1987) Society in the making: the study of technology as a tool for sociological analysis, in Bijker, W. E., Hughes, T. P., & Pinch, T. J. (eds) *The social construction of technological systems: New directions in the sociology and history of technology.* Cambridge, MA: MIT Press, pp. 83–103.

Callon, M. (1991) Techno-economic networks and irreversibility, in Law, J. (ed.) *A sociology of monsters: essays on power, technology and domination.* London: Routledge, pp. 132–161.

Cornfield, G. (2021) Recognizing your customer's purpose is key to growth, *Harvard Business Review,* https://hbr.org/2021/05/whats-your-customers-purpose (accessed 14 November 2022).

Davis, F. D. (1989) Perceived usefulness, perceived ease of use, and user acceptance of information technology, *MIS Quarterly,* 13(3): 319–340.

Day, G. S. (2003) Creating a superior customer-relating capability, *MIT Sloan Management Review,* https://sloanreview.mit.edu/article/creating-a-superior-customerrelating-capability/(accessed 14 November 2022).

Latour, B. (1986b) Visualisation and cognition: Drawing things together, in Kuklick, H. (ed.) *Knowledge and society: studies in the sociology of culture past and present.* Greenwich, CT: JAI Press, pp. 1–40.

Latour, B. (1996) On interobjectivity, *Mind, Culture, and Activity,* 3(4), 228–245.

Latour, B. (2005) *Reassembling the social: an introduction to actor-network theory.* Oxford: Oxford University Press.

Law, J. (1992) Notes on the theory of the actor-network: ordering, strategy, and heterogeneity, *Systems Practice,* 5(4), 379–393.

Maklan, S., Knox, S. & Peppard, J. (2011) Why CRM fails and how to fix it, *MIT Sloan Management Review,* https://sloanreview.mit.edu/article/why-crm-and-how-to-fix-it/ (accessed 14 November 2022).

Parsons, T. (1937) *The structure of social action.* New York, NY: The Free Press.

Parsons, T. (1971) *The system of modern societies.* Englewood Cliffs, NJ: Prentice-Hall (Foundations of Modern Sociology Series).

Parsons, T. & Shils, E. A. (2001) *Toward a general theory of action: theoretical foundations for the social sciences* (1st ed.). New York, NY: Routledge.

Closing the Service Gap:
How to connect customers,
employees and organisations

第 4 章　如何吸引注意力分散的用户

导言

本章探讨了组织与用户之间的联系。通过著名组织中杰出领导者的真知灼见，我们探讨了企业董事会和高层领导在哲学和数据方面对用户的不同看法。我们就理解用户观点所需的技术提供指导，特别是在用户不忠诚和争夺注意力的世界中，并使用真实的证据来表明用户满意度（而不是投资者满意度）可以成就或毁掉一家企业。我们还提供了具有启发性的问题，促使你加深对用户以及用户与组织之间联系的理解。

用户与组织之间的联系

我们先前已将用户视为企业组织持续存在时不可或缺的一部分（见第 3 章）。更重要的是，从商业生态系统的角度来看，我们证明了为什么生态链小微群——链群是一种服务文化的表现形式，这种文化将用户提升到与员工同等的利益相关者地位，是一种彻底改变用户即客户的观念的方法。在这种新模式中，与用户的关系对于业务的持续发展至关重要。阿尔文・托夫勒（Alvin Toffler）提出了"产消者"（prosumer）的新概念，将用户视为深度参与组织活动的人。他预言，只有产品制造商才能决定市场应该购买什么的时代已经结束。宜家（IKEA）证实了托夫勒的一些预测，在宜家，顾客通过自己组装来生产他们想要的东西，但这并没有完全符合托夫勒的说法。

摩托罗拉公司的 Moto Maker 也允许用户定制自己的产品，并提供一系列选择。这种做法赢得了大众的赞誉，却无法持续下去，也没有创造托夫勒的"产消者"。

人单合一的核心是实现托夫勒的未来愿景，即用户不仅可以定制产品，还可以成为组织的一部分。这种管理方法挑战了组织的界限，创造了一个生态系统，它的运作就像一个有生命的有机体，其中有许多功能各异的部分。用户与组织之间的联系增强了用户的能力，用户现在被视为组织的一员，而不是单纯寻求定制产品的局外人。这需要一种不同的参与方式。这种参与不同于用户像员工一样在早晨醒来时思考组织或准备去办公室。用户不会像组织成员那样乐意与你使用电子邮件对话。这也不是一种涉及关键绩效指标（KPI）的参与，用户必须达到这些指标才能继续成为组织的一员。事实上，如果认为人单合一是在没有了解用户及与他们有业务往来的其他公司的情况下决定用户联系，那就太鲁莽了。他们可能是你的竞争对手组织的用户，也可能对其他公司有更高的品牌忠诚度。要想避免机器人式的人单合一，将用户与公司联系起来，就必须了解用户的背景。用户有与其他公司接触的自由，出于个人原因，他（或她）可能不愿意与贵公司建立任何联系，因此必须给予他们做出自己决定的空间。人单合一的哲学基础承认人的主观能动性，这一点在如何看待用户和与用户建立联系方面也不例外。

在用户和组织之间建立联系也要考虑到用户体验。君迪（J.D.Power）

的首席数字官伯纳德·罗德里格斯（Bernado rodriguez）[1] 表示，当用户与该组织的唯一联系点是通过数字平台时，用户体验可能会受到不利影响。尽管有必要对使用哪些平台进行一番考量，但谁也不想让数字疲劳将用户从你的组织中吸引走。事实上，这是因为对技术的关注可能会带来一些好处，尽管正如一些研究[2]所警告的那样，它对创造新价值而言作用不大。因此，用户与组织之间的联系必须成为部署人单合一的组织的核心，而用户体验可以为任何用户与组织关系的成败奠定基础。这意味着我们必须探寻用户的价值所在。

　　你可能认为你的公司能够捕捉、创造并向用户传递价值，但我们知道他们的价值是什么吗？我们需要了解的不是我们认为他们看重什么，而是他们真正看重什么，这样才能与用户建立起有效的联系。更重要的是，你能衡量这种价值吗？虽然人单合一的管理模式是高度以人为本的，但我们在研究中发现，实行人单合一的组织并不一定能在没有量化措施的情况下发挥作用。尽管定性因素和环境因素同样受到重视，但彼得·德鲁克（Peter Drucker）曾说过"有衡量就有管理"，这句话可以说贯穿于"人单合一"组织的管理实践中。

　　因此，衡量用户的价值对于与用户建立联系至关重要。要做到这一点，首先要了解用户的需求。这需要与用户耐心沟通，了解他们的痛点。这意味着要解读用户的需求和愿望。因此，了解用户需求是建立组织与用户联系的核心。这是一项定性活动，旨在探索用户的背景，有时是影响用户与组织关系的隐藏因素。例如，用户可能希望安装一个完全联网的物联网（IoT）厨房，但网络连接等环境因素可能会阻碍这种安装的全部功能。在这方面，一个践行人单合一的组织不仅会寻求实现用户"想要的"，还可能会建议用户考虑其他能够满足需求的方案，例如独立设备。在管理实践中，以人为本的人单合一使企业能够与用户建立更深层次的联系。因此，这种关系是一种合作和互利的关系，而不是剥削或唯利是图。用户并不天真。他们能看清一个组织追求什么，也能看穿一些组织采用的双重标准；他们能分辨出一个组织是真的关心他们，还是只是为了销售。人单合一的组织是一个以人为本的组织，将用户关系视为组织的血脉。这样，用户就与企业的价值观紧密相连，而不是一个遥不可及的群体。

西蒙·斯涅克（Simon Sinek）提出了一个流行的观点：用户购买的是一个组织的"为什么"，而不是"是什么"。这一观点在人单合一组织的基本理念方面也具有一定的价值。组织的价值观贯穿于日常运营中，这样，在与用户沟通时，这些价值观就会得到传递，用户也会感受到这种零距离的深层联系。

企业董事会和高层领导如何看待用户

任何组织的高级领导对于其与用户的联系的重要性都不应被低估。在数字时代尤其如此，高级领导者的一条推文有可能对组织的认知及其市值产生重大的连锁反应。例如，埃隆·马斯克（Elon Musk）在2020年5月发布的一系列推文[3]使电动汽车公司特斯拉(Tesla)的市值蒸发了近150亿美元。这也导致他个人持有的公司股票贬值了30亿美元。两年前，马斯克通过一条看似普通的推文引发了对其公司市场运营的调查，但也导致了2000万美元的罚款。

后来，在2021年11月，马斯克决定在Twitter上通过投票与用户互动，以决定他是否应该出售10%的股票以缴纳更多税款。对于任何一家有影响力的大公司的首席执行官来说，这都是史无前例的举动。首先，马斯克赢得了推特上许多人的钦佩，因为他在一个他本可以独自做出决定的问题上，以透明的方式与用户，或者说与他的追随者进行了互动。其次，马斯克询问人们是否同意他捐出更多税款，这种做法令人钦佩，或许是利他主义的，虽然答案是显而易见的。第三，在做出如此重要的决定时征求用户或追随者的意见，这门艺术包含了某种用户关系，或者至少是追随者关系。第四，马斯克对自己的推特活动对公司的影响并不陌生，但他还是选择了这样做。也许他认为，这种要求人们决定做一些"好事"（比如多交税）的"好"方法可能会提高他本人和公司的声誉，从而对公司价值产生积极影响。如果后一种假设是马斯克行动的动力，那么结果恰恰相反。[4] 据《财富》杂志报道，马斯克发布的关于多交税的推文让公司市值损失了 2000 多亿美元，也让他的个人财富损失了 15%。

我们注意到，高层领导与用户的联系有其存在的意义，但如果对用户关系的看法不一致，也会出现严重的问题。在马斯克的案例中，我们看到高层领导将用户视为"追随者"。这种观点并不一定是坏事。事实上，高级领导者可以采用一些策略，促使追随者采取一些有利于领导者的行动。我们看到，政治领导人在推特上聚集了大量追随者，他们激励人们采取各种行动。一些有影响力的人物利用网络平台为慈善事业募集资金，还有一些人会让人们参与到气候变化等各种公益事业中来。这里重要的是，"用户即追随者"的观点引发了这种参与，类似于推特和一般社交媒体中的各种活动。

对于人单合一的组织来说，这种"用户即追随者"的观点与其宗旨背道而驰。"用户即追随者"假设在高级领导者推动用户的任何方向上都有追随者。它制造了拿破仑和平民。这种概念产生了一种阶级体系，在这种体系中，除非组织提供解决方案，否则用户将毫无满足其需求的希望。在这种方法中，组织制造产品，并期望用户购买。在这种组织中，员工被逼着去做销售。为了说服"追随者"，需要在广告上花费巨额资金，而所谓的市场调研议程往往是为了确定产品可以推向何处。在极端的情况下，这种观点在各种"庞氏"计划中都得到了体现：追随者的数量越多，对企业就越有利。

从用户即追随者的角度看问题可能有好处。例如，如果你希望通过一款应对气候变化的产品掀起一场革命，那么你就会希望你的用户承诺以各种方式追随你的步伐，这样你就能获得动力。但要注意的是，"追随者"并不一定等同于长期关系。"追随者"可能会认同其他事业或组织，从而离开你。领导力学者约瑟夫·罗斯特（Joseph Rost）[5]警告说，"追随者"的整个概念都是无望的、不可救药的。人不是绵羊。罗斯特认为，在后工业时代，人们不应当仅仅被视为"追随者"，更重要的是其合作者的身份。这一观点贯穿了领导力研究中的"追随者"理论。事实上，以"追随者"为中心的领导力研究方法一致摒弃了所有关于人只是被动参与领导关系的概念。遗憾的是，在领导力理论中，"追随者"（follower）一词的使用仍然存在，尽管围绕"追随者"这一概念展开的理论研究已经赋予了它在领导关系中的作用，但它依然带有宗教意味。因此，顾客即追随者的观点在哲学上也与领导力研究中的"追随者"理论相悖。追随者具有能动性，并且可以按照自己的意愿行使这种能动性。

关于用户的另一种观点是"顾客为王"。顾客为王这一营销陈词滥调源自哈里·塞尔福里奇（Harry Selfridge），他在20世纪之交曾说过"顾客永远是对的"。如果还有任何怀疑或疑虑的话，那么塞尔福里奇百货公司作为一个成功的奢侈品购物品牌，可以说是对哈里·塞尔福里奇口头禅的一次印证，它强调了顾客的重要性，当然还有未来顾客的重要性。20世纪中叶，广告界领袖大卫·奥格威（David Ogilvy）曾警告说，不要在广告中夸张地宣传，他说："顾客不是白痴，而是你的爱妻。"总部位于美国康涅狄格州的奢侈服装零售商米切尔/里查德（Mitchells/Richards）的首席执行官强调了拥抱顾客的重要性，这里的拥抱既包括肉体上的拥抱，也包括隐喻上的拥抱。米切尔把他的家族企业帝国的成功归功于这种以用户为中心的方法，因此，即使在经济低迷的困难时期，公司也因为不断拥抱用户取得了巨大成功。米切尔商业帝国的成功再次证明了顾客既是值得崇拜的国王，又是值得拥抱的妻子。米切尔在 2003 年提出的观点以及奥格威在 1955 年提出的观点已经融入管理实践，一些商业培训课程就是为了展示如何遵循"顾客为王"的技巧。

自 1981 年以来，《培训》杂志的行业报告 [6] 对美国每年的企业培训支出进行了跟踪，发现总体呈上升趋势，仅 2019 年就支出了 830 亿美元。在 2014 年至 2019 年期间，企业培训项目每年的最少支出为 618 亿美元，2018 年的最高支出为 870 亿美元。通过我们自己对海尔集团的研究，我们认为，这种以用户满意度为关键要素的员工培训项目的资源配置是不够的。《福布斯》撰稿人丹·庞特弗雷特（Dan Pontefract）称这些培训计划是一种浪费。[7] 在我们看来，支撑许多此类培训项目的"顾客是上帝或爱妻"的口头禅本身就是有缺陷的。

"顾客至上"的观念造成了权力的不平衡，进一步导致权力的滥用，因为绝对的权力会导致绝对的腐败。这同样会让用户感到自己拥有特权，并过度期望员工可以为其提供不切实际的服务。在某些情况下，员工会受到用户的辱骂，而通常不在现场的高层领导会以极其严厉的方式向员工施加压力，要求他们满足用户的需求。这种用户关系的视角导致高级领导者与员工脱节，因为他们只关注用户满意度的指标。这导致了一个永无止境的循环出现：用户作为"国王"，想要更多，作为国王的"监护人"的高级领导推动更多，而员工别无选择，要么跟随，要么离开。这种管理方法主要关注数字而不是人，这与人单合一的管理理念形成了鲜明对比。

简单来说，所有这些用户视角，虽然都有改善用户服务的良好愿望，却会引发一些意外后果。在顾客作为追随者的情况下，顾客没有自主意识，更像是羊群跟着牧羊人。因此，人单合一通过将顾客重新纳入组织，提供了一种摆脱这种管理难题的方法。它强调人的价值，无论是用户还是员工，并创造了消除任何权力不平衡的条件，从而允许用户和员工在平等的基础上联系。

技术在用户不忠诚和竞争激烈的世界中的作用

随着我们从计算机时代进入数字智能时代，全球范围内的技术领域发生了快速变化。在这个时代，数据成了新的淘金热，各组织利用各种技术收集用户数据，而且往往是偷偷摸摸地收集。这些技术包括使用在线广告和网站 cookie，也包括在用户不知情的情况下通过隐蔽运行的算法直接收集数据。从 2016 年到 2021 年移动商务的销售额几乎翻了两番，同时随着销售额的飙升[8]，这些想法已悄悄进入移动应用程序领域。通过移动应用程序收集数据的活动不断增加，导致苹果和谷歌为用户提供了更大的控制权，让他们可以使用应用程序收集有关用户使用情况的数据。尽管如此，随着算法工具的不断进步，根据个人在线活动留下的数据足迹，有关用户使用情况的数据仍在不断被收集。我们的假设是，对用户行为了解更多的企业可以调整这些信息，从而击败竞争对手。因此，企业纷纷招聘数据科学家和在用户数据分析方面具有专长的咨询团队，以确保自己在竞争中处于领先地位。[9]据《福布斯》和彭博社报道，Glassdoor 生态研究团队在 2019 年进行的研究发现，美国初始薪酬最高的职位是数据科学家，为 9.5 万美元，紧随其后的是软件工程师，为 9 万美元。国际数据公司（IDC）[10]指出 2021 年全球在大数据和分析解决方案上的支出达到 2157 亿美元，比 2020 年的支出高出 10.1%。

因此，对数据的依赖会导致企业将资源用于收集和分析用户数据，而这对于制定能产生真正用户联系的战略十分不利。2020 年，全球用户体验管理业务的市场价值超过 75 亿美元，预计未来八年的年复合增长率将达到 17.5%。根据大视野研究（Grand View Research）的市场分析报告[11]，了解用户活动的重要性与日俱增，促进了用户体验管理系统的增长。从用户数据中可以学到很多东西，但在数字时代，仅凭这些数据并不一定能为组织与用户之间的联系带来价值。这是因为用户面临着竞争，而对其数字足迹的依赖只能远程连接组织，而不会带来任何附加价值。对用户数据分析的关注源于对底线的重视，因为它将用户视为可以转化为金钱利益的量化单位，但这不利于建立用户关系。

要建立牢固的用户关系，高层领导必须采取必要的措施来了解用户的观点。换句话说，管理者必须从用户的视角出发，才能了解要想保持领先地位需要哪些驱动力。IDEO 设计公司有一套行之有效的方法，将人的体验置于产品设计的中心。这种方法被称为设计思维，其目标是了解用户需要什么，而不是根据我们的集体经验或能力认为用户想要什么。由于 IDEO 的主要方法是以人为本的设计，因此在其运作中也蕴含了人单合一的元素。这不是一个依赖在线数据收集的过程，而是一个寻找真实用户体验的过程。它利用原始数据，直接与用户合作，以便为用户创造、捕获和交付价值。2010 年，IDEO 推出了一个名为 OpenIDEO 的合作平台，使公司的设计师能够与用户密切合作。这一技术平台是一扇敞开的大门，是用户和设计师互动的空间，他们可以共同合作，找到满足用户需求的解决方案。OpenIDEO 确保了由不同专长的人员组成的团队与用户之间的思想交流。这一过程建立了一个具有良好用户关系的协作环境，最终确保用户的需求得到充分满足。这个例子表明，当用户参与了产品设计的全过程，用户的信心也会增强，使他们感到自己参与其中，从而对企业产生忠诚度。

与 OpenIDEO 一样，实行人单合一的组织也将以类似的方式让用户参与进来。由于双方都参与到价值创造的过程中，用户与员工的界限开始变得模糊。人单合一组织的领导者寻求的是与用户一起创造价值，而不是为投资者提高股价。事实证明，组织与用户之间的零距离接触最终意味着用户本身也是股东，同时也是组织成员；因此，为用户创造价值，默认情况下就是为股东创造价值。正如前一章所强调的，人单合一的管理实践是在一个由多个相互关联的角色共同组成的完整生态系统中运作的。因此，不存在非人单合一组织中领导者与股东之间的分裂。这意味着，推动组织成果的不是投资者的压力，而是用户的需求，因为组织与其尊贵的成员密切合作，在这种情况下，这些成员就是用户。

虽然我们承认数据分析在定位用户方面有其作用，但我们的论点是，它不符合人单合一所代表的以人为本的方法。因此，在人单合一组织中，获取"用户数据"所需的技术不是那些远离用户的技术，也不是那些偷偷获取用户数据的技术。取而代之的是能让用户参与进来的技术，这样用户就能感觉到自己参与其中，而不会成为组织的外部一方。正如我们前面所说，用户的这种参与感是建立用户忠诚度的关键。这让消费者更容易将注意力从其他竞争公司或品牌那里转移出来。[12]沃顿商学院关于营销指标的研究表明，向忠诚用户成功销售产品的可能性是向新用户销售产品的14 倍。

在实践中，似乎不可能像这里描述的人单合一组织那样，以亲密的方式与数千名用户接触。然而，与用户接触并不一定意味着要采取一对一的方式，除非贵公司只希望拥有少数几个用户。当然，公司的内部能力可能不允许与用户进行一对一的互动。海尔日本公司认识到了这一点，并开始引入一项用户参与技术，通过协作平台捕捉用户想法，并从更大的数据中获取新的主题，保持反馈回路畅通，从而在更广泛的层面上让用户感受到参与和重视。用户参与过程中产生的新主题会得到用户和员工的积极响应，从而确保用户忠诚度，最终实现用户数量的增长。贝恩公司与哈佛商学院学者厄尔·撒舍尔（W.Earl Sasser）证实，将用户忠诚度提高 5%，就有可能使利润增长 25%~95%。沃顿商学院的《营销指标》证实了这一点，它认为向忠诚用户销售的概率为 60%~70%，而向新用户销售的概率仅为5%~25%。

是什么让用户容易分心？

21 世纪可以说是一个智能和分析的时代。这个时代的主要特征是数据在推动用户和公司决策方面发挥了核心作用。技术平台以极快的速度收集和传输大量数据，并将这些数据组织起来用于战略决策。对用户而言，他们不断收到大量有组织的数据或信息。例如，公司会跟踪用户在其平台上的活动，以了解用户在一段时间内的兴趣。当这些信息被整合在一起时，就能生成用户画像，然后用来发送有针对性的产品和服务信息，以吸引用户。鉴于电子商务在许多地区都已根深蒂固，参与网购的用户会在不经意间留下多次访问网站的数字足迹，而这些足迹会被许多组织收集起来，用于定制营销的目的。相比之下，社交媒体平台的用户会自愿提供有关自己及其喜好的更具体信息，这些信息同样会被公司收集。数字营销已成为一个迅速崛起的领域，新的职业岗位也在这一领域不断涌现。所有这些都意味着，一个由技术驱动、相互关联的世界创造的条件更有可能让用户分心。为什么必须关注这一点？如果一个组织对用户进行投资，那么它也希望确保用户的忠诚度，因为这是重复购买和持续收入的保证。

导致用户分心的因素可以从两个角度来看：内部因素和外部因素。需求、品位和偏好是顾客的内在因素，它们决定了顾客寻找满足其需求的解决方案的方向。然而，正如前文所述，这些需求不应被视为一成不变的。此外，随着用户从一个代际群体转移到另一个代际群体，或从一个生活阶段转移到下一个生活阶段，他们的优先事项、需求和价值观可能变得不那么容易预测，或可能发生变化，从而使他们的生活方式受这些新价值观的支配。这些突发变化代表着潜在的不稳定性，从而使用户很容易受到其他为他们不断变化的需求提供解决方案的品牌的影响。因此，企业不能简单地认为用户的需求是可以预测的，因为他们很可能会根据内部因素改变主意，这一点在前面已经解释过。

用户分心的另一个原因是对现有品牌缺乏忠诚度，如果顾客对品牌漠不关心，就很容易被大量声称能满足顾客需求的产品所干扰。链群模式旨在通过让用户参与产品构思和产品开发来解决这一关键问题。作为伙伴关系中平等的利益相关者，他们与企业建立了长期的合作关系。重要的是，他们致力于企业的成功，因为他们在互惠互利的关系中获益匪浅。除了提供有关新产品或改良产品的想法，他们还提供了有关其需求和偏好的必要数据，同时，公司致力于不断满足新出现的需求，也使他们的需求得到了满足。他们帮助提供对早期产品原型的反馈意见，从而参与研发活动。物联网中的链群就是这种与用户长期联系的典型代表，它提供了一种解决分心问题的方法。然而，值得注意的是，在竞争品牌大肆宣传，以及为满足用户需求提供类似解决方案的背景下，除非有具体的合同协议禁止用户同时与多家公司接触，否则用户与组织之间的关系只能通过相互信任和承诺来维系。这就非常需要社会价值观来保持社会的凝聚力，维持社会的持续存在。这样做的挑战在于，不同社会的社会价值观各不相同，因此，在一个社会环境中作为一种强有力的社会控制机制的东西，在另一个社会环境中可能并不那么有效。

实现用户忠诚度的成功策略——海尔智慧烹饪链群

海尔的生态系统方法让它能够深入了解用户的生活方式和需求，从而为用户提供更多的产品。它能够从家用电器制造商过渡为用户解决方案的供应商。例如，其主要产品线扩展到了食品预处理领域，厨师们参与到为用户设计解决方案的工作中，这样用户就可以在家里做出餐厅品质的饭菜了（见案例研究 4.1）。烤鸭就是满足这种产品需求的一个成功案例。然而，公司继续寻求加深与用户关系的方法，并开始提供省时的产品。快速制作早餐被视为许多家庭的需求，因此链群创造了一些早餐场景，人们可以一边洗漱或梳妆一边做饭。海尔从在美食界声名显赫但不太日常的烤鸭产品扩展到家常菜，因此不得不引入其他几家资源供应商。烤鸭产品的主要供应商仅限于鸭子饲养者或肉类食品制造商，而对于高频产品，公司现在可以将多个供应商整合到价值链中，如厨师、糕点店、家电制造商和食品工厂。其结果是，用户体验得到了改善，链群生态系统也成为连接众多合作伙伴的平台。

企业通过与用户的联系协同工作，通过讨论用户需求和解决方案，为用户创造、获取和提供价值。它将用户对各种餐饮的需求——其他组织可能会认为这些需求很普通——视为用户关系的重要驱动力。这种做法为顾客创造了一种归属感，因为他们看到自己的口腹之欲和愿望得到了满足。在这种情况下，各种合作伙伴、员工、顾客和组织之间的相互联系使企业成为了一个开放的组织，顾客作为平等的成员受到了重视。这些战略使海尔能够继续为其利益相关者提供价值。重要的是，所有成员都能提供价值，并在平等和自主原则的基础上相互依存。海尔提供的技术平台和领先地位促进了这种多重价值流的实现，最终实现了用户忠诚度的提升。[12]

海尔智慧烹饪小微团队

　　海尔的链群合约通过基于人单合一原则的生态系统来吸引用户,并借助先进的分析技术来维护用户关系。海尔智家副总裁兼厨电平台负责人吴勇领导的海尔智家就是海尔涌现的链群之一。千禧一代希望厨房更加人性化和智能化,这种需求的提出为海尔提供了商机。因此,2019 年,智慧烹饪链群从智慧厨房链群中分离出来,由张瑜负责。其目的是将智慧厨房与用户饮食和营养相关的食联网(IoF)相结合,为用户提供全新的解决方案。吴勇详细介绍了他的企业与众不同的地方,强调了人单合一管理理念下的生态系统方法与他所经营的食联网组织的适配度。这种生态系统将用户视为组织成员,因此符合食联网在技术上所追求的架构,即无偏见地连接相关实体和人员。例如,厨房冰箱可以很容易地连接到烹饪专家,想要烹饪美食的顾客可以随时查阅专家的食谱。这项食联网业务的起因是中国市场不断变化的用户需求。日益壮大的中产阶层不再只对购买家用电器感兴趣,他们也希望有机会享受更多的美食。为此,海尔的食联网解决方案恰到好处,因为它不仅提供了电器,还提供了烹制顾客想要的任何美食的方法。

　　为了发展食联网业务,吴勇部署了三个主要阶段作为必要的要素,没有这些要素,公司就无法为用户创造价值。第一个阶段是共同创造附加值。在这一阶段,公司与合作伙伴和员工合作,创新烹饪方法,让普通顾客也能烹饪出需要专业技能才能做出的美食,如中式烤鸭。第二阶段是共享附加值。在这一阶段,食联网的关系网络得到了加强,包括招聘了 9 名厨师,释放了 19% 的股权,以吸引更多拥有企业所有权的生态系统合作伙伴,并将利润重新投入生态系统,以扩大提供给用户的服务范围。最后一个阶段是通过风险投资进一步扩张业务范围,使生态系统更加强大。这还涉及招聘数百名厨师和开发各种平台,以管理从用户采购到用户食品烹饪和用户食品供应的食联网服务。

吸引注意力分散的用户

一般用户在做出购买决策时，都会面对多种品牌和产品，很容易被其他品牌吸引注意力，因此当代企业需要制定吸引用户的战略计划。[13]有研究表明较高的用户参与度会对投资回报率产生积极影响。

人单合一原则为用户提供了一种将其精力投入到特定组织中的方式，有助于开发满足用户需求的产品和服务。就建立在平等基础上的关系所依据的价值观达成共识，是拥有忠诚用户的基础。传达这种新的用户认知方式可以增强用户的能力，因为它可以让用户在与企业的互利关系中享有合伙人的地位。平等不仅体现在企业内部——员工和用户，还延伸到更广泛的生态系统和社会，从而提高了链群模式对社会的价值。虽然链群本身是组织内的一个节点，但链群的每个成员也都是一个节点，都有自主权、尊严和潜能。每个链群的节点（见图 4.1）也都注重展示和发挥自己的价值。

因此，作为生态系统中的领导者，你的关键作用是创造条件，促进这一价值的体现，并让用户与你的品牌建立深厚的联系。例如，海尔的智能洗衣机 Mr.Hi Smart+ 的成功和扩展，既得益于满足用户需求，也得益于自身是链群品牌。链群意识到自助洗衣在用户中很受欢迎，发现了现有产品存在的问题，并利用技术创造了解决洗衣时间过长问题的智能解决方案。Mr.Hi Smart+ 的智能技术还解决了在泰国社区商店预约洗衣店的问题。通过这种方式，它为用户创造了价值。[14]斯特凡·托姆克（Stefan Thomke）在最近发表的题为《让用户体验持久的魔力》的文章中指出，创造价值是为用户提供难忘体验的关键。要做到这一点，企业就必须创造机会，让用户与品牌建立情感联系。阐明对用户有意义的事情，并将自己定位在这一领域，为用户在两者之间建立联系提供途径，例如，播放广告，传达公司

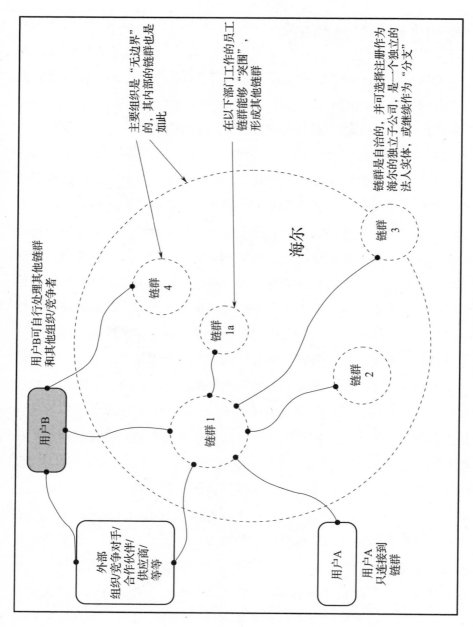

图 4.1　链群中分心的用户

对用户生活中重要时刻的认可，如孩子出生、教育成就、婚礼、购买房产或其他个人资产。这些时刻会引起顾客的情感反应，随着时间的推移，在这些时刻反复出现的广告或促销活动就会在顾客心目中与公司的品牌联系起来。这是一种让用户记住你的品牌的有效方法。

你可以利用社交媒体平台提供的分析工具来组织用户活动，如简短调查、评论、对新产品提供反馈的在线评论、众包产品创意或为获胜者提供奖品的用户竞赛。塔塔咨询服务公司副总裁苏达卡尔·古达拉（Sudhakar Gudala）与管理学者约翰·豪瑟（John Hauser）和阿尔特姆·季莫申科（Artem Timoshenko）[13] 的研究表明，积极的用户参与不仅有助于提升体验和满意度，还能增加公司收入。正如罗斯等人最近的一项研究"创造用户将购买的数字产品"所建议的那样，你还可以通过利用技术和数据分析，对用户需求做出有意义的回应，从而吸引注意力被分散的用户。[15]

举例来说，海尔德国公司通过积极主动地利用数据，制定了一项战略，借助从用户数字足迹中挖掘出的数据进行感知，探索用户的多个维度，如年龄、性别、生活方式（包括健康因素、营养和锻炼，以及媒体和技术趋势）对用户的影响。这种学习可以作为现有产品的附加功能。[16] 数据分析固然能带来好处，但要成功提高用户参与度，也需要解决一些问题。越来越多的用户对保密性、数据保护和网络安全问题表示担忧。预测并应对这些问题非常重要。总之，关于如何吸引分心用户的要点包括：

- 利用技术主动预测变化趋势，并提出新的解决方案建议。
- 帮助用户与品牌建立情感联系，让用户参与共同创造解决方案。
- 创造满足用户需求和表达用户愿望的解决方案。
- 通过奖励、报酬和合作伙伴关系，让用户参与到企业中来，从而加深用户的承诺和主人翁感。

本章小结与思考

对用户的定位是企业与用户打交道的基础。它决定着你对组织政策的决策、对影响用户体验的服务支出的合理化、对服务市场的细分和选择，以及对这些市场的产品和解决方案的开发。鉴于不同市场和技术平台之间的紧密联系，有必要重新思考对用户的传统认识。

全球化以及信息和通信技术的发展带来了一体化市场、更大程度的合作以及生态系统的战略联盟的诞生。这而些条件所带来的影响是，用户面临的选择比以往任何时候都多，因此在市场上拥有了更大的权力。事实上，现在的市场已成为一个买方市场。因此，企业要想持续经营，就必须转变对用户角色的认识——不再将用户视为企业可替代的外在因素，而应将其视为企业持续生存的根本。虽然用户与组织之间的对立可能是长期以来的传统，但关注用户能为组织带来什么价值能让你给予他们越来越多的关注。在人单合一的理念中，用户参与模式完成了从传统的用户与组织联系的概念到生态系统概念的转变。海尔的许多公司都阐释了这一新理念，并提供了支持与用户维持共生关系的平台。物联网的日益成功和链群生态系统的扩展表明，在这一新定位中深入了解用户可带来一些积极成果。

消费主义的兴起使人们更加意识到，企业需要在多个方面承担责任，包括如何对作为主要利益相关者的用户做出回应。因此，用户在商业世界中占据了中心位置，人们越来越不再认为用户的存在仅仅是为企业提供收入。因此，这种重新定义用户与组织关系的方法要求我们仔细审视自己作为企业领导者的理念，以及在与用户的关系方面所持的价值观。

有鉴于此，我们提出了一些反思性问题，以促使你重新评估贵组织中用户与组织之间的联系。

- 你认为用户本质上是组织外部的还是组织内部的？将用户视为组织不可分割的组成部分，可以使你看到一种更具协作性的方式的内在潜力，这种方式可以让用户自然而然地参与到你的业务中。你可以向用户下放一些"权力"。具体做法是鼓励用户参与企业决策，并让他们知道他们的意见如何以及何时产生了效果。作为第一步，可以在网站上建立一个链接，让用户能够发表意见。注意，要做到开放和透明，因为这些价值观能够向用户表明，他们的利益得到了认真对待，他们可以相信你与他们的新伙伴关系能够实现。事实上，这种信任是相互的。

- 让用户参与新产品开发？让用户参与新产品开发，可以体现出企业对用户的信任程度。通过为产品的开发调配资源，可以表明你信任来自用户的信息，并愿意将这些信息反馈到战略决策中。从集思广益的想法到原型和成品的修改，你的用户代表了当前和未来的需求，因此应该成为决策的核心。（例如，请参阅案例研究 5.2：FirstBuild 的共同创造设计方法）。

- 你是否了解现有用户的基本情况？留住用户的关键方法之一是深入了解用户的基本情况。在全球竞争激烈的今天，笼统的方法价值不大，要深入了解用户，并通过持续的对话和对其社交或购买习惯的分析，探索了解用户的机会。利用技术，你可以挖掘所掌握的用户数据，按年龄、性别、职业或购买模式了解他们。这种技术方法有时会被认为是对用户习惯和网络足迹的过度干涉。我们在此提醒你，适当征求用户同意非常重要。

- 你对用户的期望了解多少？你对用户的愿望了解多少？除了了解现有用户的概况外，重要的是要认识到，需求、品味、兴趣和偏好会随着时间的推移而变化，作为一个企业，你需要了解这些变化的驱动因素，并持续跟踪这些变化。重要的是要加深与用户的接触、联系和沟通，以了解他们的愿望。通过鼓励用户参与你的社交媒体平台，分享他们对现有产品性能的看法和对理想解决方案的想法。通过分析他们的浏览习惯，你不仅可以了解他们的概况，还可以了解他们的愿望。有时，通过用户调查与用户进行直接接触也会有所帮助。

- 你能否识别不同人群中用户品味和偏好的任何模式或变化？随着各种调查工具在网上的普及，你可以对不同人群进行市场调查或验证实验，以深入了解你的市场空间。虽然用户的偏好可能存在个体差异，但建立一个系统来识别从不同人口统计数据中产生的广泛模式也是有益的。例如，可以研究工作人口（劳动力）或老龄人口的生活方式变化。对结构性和时间性趋势的分析为新产品开发提供了机会，这些新产品可能成为满足用户尚未意识到的需求的解决方案。当一个用户群体转变为另一个用户群体时，一个灵活、积极主动、反应迅速的组织是其共同点。

注释

1. Rodriguez, B. (2018) Putting customer experience at the center of digital transformation, *MIT Sloan Management Review,* https://sloanreview.mit.edu/article/putting-customerexperi-ence-at-the-center-of-digital-transformation/(accessed15 November 2022).

2. Westerman, G. (2017) Your company doesn't need a digital strategy, *MIT Sloan Management Review,* https://sloanreview.mit.edu/article/your-company-doesnt-need-a-digital-strategy/ (accessed 15 November 2022).

3. Hotten, R. (2020) Elon Musk tweet wipes $14bn off Tesla's value, *BBC News,* available at https://www.bbc.co.uk/news/business-52504187 (accessed 15 November 2022).

4. Meyer, D. (2021) Tesla has lost more than $200 billion in market value since Elon Musk's Twitter poll—costing him 15% of his fortune so far, *Fortune,* https://fortune.com/2021/11/10/tesla-stock-slide-elon-musk-twitter-poll-tsla/(accessed 15 November 2022).

5. Rost, J. (1995) Leadership: a discussion about ethics', *Business Ethics Quarterly,* 5(1): 129–142.

6. Training Magazine (2019) *2109 Training Industry Report,* https://trainingmag.com/sites/default/files/2019_industry_report.pdf (accessed 15 November 2022).

7. Pontefract, D. (2019) The Wasted Dollars Of Corporate Training Programs, *Forbes,* https://www.forbes.com/sites/danpontefract/2019/09/15/the-wasted-dollars-ofcorporate-training-programs/?sh=5896c36b71f9 (accessed 15 November 2022).

8. Oberlo (n.d.) Mobile commerce sales in 2022, https://www.oberlo.co.uk/statistics/mobile-commerce-sales (accessed 15 November 2022).

9. Stansell, A. (2019) Entering the job market? Here are the highest paying entry level jobs and internships for 2019, Glassdoor Economic Research, https://www.glassdoor.com/research/internships-entry-level-jobs-2019/ (accessed 15 November 2022).

10. IDC (2021) Global spending on big data and analytics solutions will reach $215.7 billion in 2021, according to a new IDC spending guide, IDC Solutions, https://www.idc.com/getdoc.jsp?containerId=prUS48165721 (accessed 15 November 2022).

11. Grand View Research, *Customer experience management market size, share & trends analysis report by analytical tools, by touch point type, by deployment, by end-use, by region, and segment forecasts, 2022–2030,* https://www.grandviewresearch.com/industry-analysis/customer-experience-management-market (accessed 15 November 2022).

12. Farris, P. W., Bendle, N., Pfeifer, P. & Reibstein, D. (2011) *Marketing metrics: the definitive guide to measuring marketing performance,* 2nd edition. Wharton School series. Pearson.

13. Gudala, S., Hauser, J. R. & Timoshenko, A. (2019) The new era of personalization: why CPG brands must own the direct-toconsumer experience, *MIT Sloan Management Review,* https://sloanreview.mit.edu/sponsors-content/the-new-eraof-personalization-why-cpg-brands-must-own-the-direct-toconsumer-experience/ (accessed 15 November 2022).

14. Thomke, S. (2019) The magic that makes customer experiences stick, *MIT Sloan Management Review,* https://sloanreview.mit.edu/article/the-magic-that-makes-customerexperiences-stick/ (accessed 15 November 2022).

15. Ross, J. W., Beath, C. M. & Mocker, M. (2019) Creating digital offerings that customers will buy, *MIT Sloan Management Review,* https://sloanreview.mit.edu/article/creating-digital-offerings-customers-will-buy/ (accessed 15 November 2022).

16. Wixom, B. H., Schüritz, R. M. & Farrell. K. (2020) Why smart companies are giving customers more data, *MIT Sloan Management Review,* https://sloanreview.mit.edu/article/why-smart-companies-are-giving-customers-moredata/ (accessed 15 November 2022).

Closing the Service Gap:
How to connect customers,
employees and organisations

第 5 章　企业的需求很简单——员工

导言

　　本章探讨员工与组织之间的关系。首先，我们根据"人单合一"原则对员工进行描述：员工是组织为满足用户需求而需要的备受追捧的能力源泉。现在，他们比以往任何时候都更加"自由"——在第四次工业革命和竞争激烈的人才市场中，"打工人"的概念已不复存在。通过案例研究，我们探讨了在员工参与和公司文化方面进行投资的必要性，并解释了如何为新员工和现有员工实施和强化人单合一。需要讨论的因素包括文化和共同认知、流程、人员因素以及为员工创造心理安全的氛围，以参与有助于改善员工与用户之间联系的活动。还将提示来自各个级别和功能的读者如何立即开始参与这两个群体。

员工是能力的源泉

　　员工是组织的重要组成部分之一，因为他们通常被视为企业生产活动中可用资源的一部分。与土地、资本、建筑物或库存等资源相比，人因其提供的劳动而受到重视。这种劳动可以从两个角度来理解："体力"和"脑力"。体力指的是体能，用于体力劳动，而脑力指的是高级认知能力，用于汇集组织中的所有其他资源、战略思维以及创造性和分析性活动。

因此，员工是一种独特的组织资源，因为他们不仅有能力组织其他资源用于生产，而且有能力从事创造性工作。虽然人可以大致这样分类，但人与人之间存在着独特的差异，这也使他们有机会在组织内外展示难以复制或模仿的能力。这种独特的个性、能力和技能组合使员工能够发挥与用户相关的强大能力。人类员工能够感同身受地理解用户，从而了解他们的需求，并为这些需求创造解决方案。与人工智能相比，用户能够与员工进行有意义的沟通，同样也能获得有意义的反馈。人类具有持续学习的能力，因此我们可以预期，随着员工不断将新的学习成果与现有经验相结合，就能创造出新的解决方案来应对新出现的挑战。值得注意的是，这一动态知识平台的核心是用户当前和未来的需求。

在满足用户需求方面，员工为何备受青睐？因为组织的领导者已经认识到员工在提高生产力、创新和创造力方面为工作场所带来的价值。员工执行领导者制定的战略、提高市场占有率、促进增长、创新产品和支持组织活动的流程。除此以外，员工还能分析当前的用户实践趋势，了解用户的优先需求，并预测这些需求对各行业未来需求的影响。对于希望留住忠实用户并保持市场份额的企业来说，这些信息非常宝贵。要想在满足用户需求方面保持领先，就必须对用户有全面、持续的了解。在人单合一框架内，了解用户变得更加重要，因为竞争格局可能带来机遇和威胁。我们有机会创建新的产品线、开发新的市场并与用户共同成长。然而，也存在来自竞争公司的威胁，这些公司也在不断审视形势并向用户提供替代方案，这可能会导致用户选择不同的公司。尽管人工智能有诸多优势，但人力资源仍能提供不可复制的能力，为企业带来竞争优势。

员工流动与人才市场

员工的工作模式通常来说反映了他们对组织的忠诚度，一般情况下这会导致他们在一家组织内工作大半辈子直至退休。在这种工作模式下，员工在同一岗位或不同岗位上工作多年，职位不断提升。雇主还发现为工人提供终身雇佣作为管理员工流动率的一种方式是有价值的，正如大内（Ouchi）的理论 Z 所示，20 世纪 70 年代日本企业的成功应归功于以员工为中心的企业文化，这种文化鼓励员工拥有公司股份、终身雇佣和根据资历晋升。但是，当代的组织模式发生了变化，员工不再以在一家组织内终身工作为目标，而是选择在多家组织之间流动。

劳动力市场和人才市场的这种活力是由许多因素造成的。其中包括内部和外部劳动力市场的变化。一方面，在内部劳动力市场变化中，员工进入或离开组织是由于若干因素的引入，如新技术、并购等组织结构变化、员工休产假或陪产假、引入新员工顶替他们以及专业人才招聘等。另一方面，外部劳动力市场的变化可能与以下因素有关：可用人才或专业人员的供应增加；市场需求发生变化，需要提高技能和招聘新员工；各行业的技术进步；影响劳动力定价的因素；竞争格局的变化，比如由于进入壁垒低，更多的组织进入各行业。这些变化都会导致员工需要从一家组织流动到另一家组织。在某些情况下，员工会离开有偿工作，转而创办自己的企业。这种行为增加了竞争空间或行业内的参与者数量。有时，员工会从一家组织跳槽到另一家组织。

还有一些组织吸引因素（见图 5.1）也会加速人才在市场上的流动。雇主往往竞相提供有吸引力的薪酬待遇，以换取新人才或专业知识。不经意间，这种对人才的竞争形成了一个买方市场，在这个市场上，员工拥有更

强的讨价还价能力，可能有助于确定更高的人才定价。虽然人才的相对价
值与组织为吸引和留住员工所愿意支付的费用相关联，但值得注意的是，
由于技术进步和其他影响人才需求的更广泛的社会经济因素，我们可以预
期知识会随着时间的推移而过时，这就需要对现有员工进行技能提升培训
或聘用新员工。人才市场确实是一个动态市场，多个参与者共同决定人力
资源的供给、需求、定价和开发。

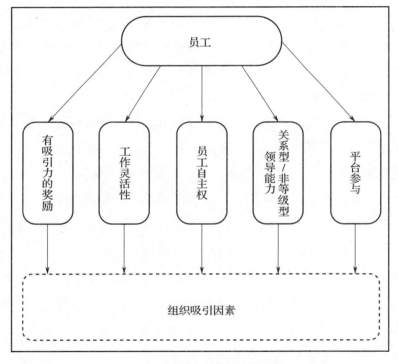

图 5.1　留住员工的组织吸引因素

　　一家组织之所以能够从人力资源投资中获得回报，是因为它有能力留
住这些人才，利用其独特的、往往难以模仿的能力，为维持公司的竞争优
势做出贡献。留住关键人才的一个显著因素是企业如何保持员工的参与度。

对员工参与进行投资的必要性

　　员工敬业度是一个模糊的概念，因此往往不清楚如何去实现。如果不知道员工敬业度是什么，那么维持员工敬业度所必须开展的活动或流程就变得难以捉摸。管理学家威廉·卡恩（William Kahn）在其开创性著作《员工敬业度和脱离工作的心理条件》中，对敬业度的概念给出了一个初步定义，即"敬业度让组织成员自身适应他们的工作角色；在参与过程中，人们在身体、认知和情感上表达自己"。这种关于员工敬业度的新观点意味着组织有可能因"出勤主义"（presenteeism）而失去员工，也就是说，他们可能在工作，但并没有真正与自己的任务联系起来，无论是在身体上、认知上还是情感上。因此，企业要想在激烈的竞争中取得成功，就必须在员工参与方面进行投资。管理学者雷·鲍姆鲁克（Ray Baumruk）认为，要让员工参与进来，需要"心中有火"，即员工需要在情感层面上对工作充满热情。

　　这意味着，员工敬业度不会因一次性活动而提高。这既不是一个由咨询师主讲的为期一天的研讨会，也不是一项精心撰写的公司政策所能实现的。员工敬业度是一种认知状态，它直接体现在具体行动中，在组织内部可见，足以传染。员工敬业度不是通过首席执行官的单向演讲传授的，也不是通过一些激励性的谈话在员工中激发的。员工敬业度是与员工的自我意识内在联系在一起的。它产生于员工的人格和工作存在的理由。它来自"为什么要工作"。

　　投资于员工敬业度，就是要在工作环境中创造条件，使员工的人格得以充分发展。用我们的话说，员工敬业度是一个以人为本的概念。组织的任务是营造一种氛围，让员工敬业度得以实现。如果说有什么外部推动因素的话，那就是组织是否愿意激进，是否愿意逆潮流而动，是否愿意以不同的方式做事。

因此，员工敬业度与组织氛围息息相关，它能让个人发挥出真正的潜能。组织内部必须解放"自我"，让员工的个性在工作中得到充分发挥。威廉·可汗（William Khan）的开创性工作开启了员工敬业度研究的潮流，他谨慎地指出，员工敬业度发生在员工自我的层面上。如果员工敬业度没有首先体现在个人敬业度层面，组织就不可能产生效益。在自我层面上，员工必须有自主创业的自由（见案例研究 5.1）。

案例研究 5.1

创建 Gmail

谷歌员工保罗·布赫希特（Paul Buchheit）为我们提供了一个员工自我表现理念的典型例子。早在 1999 年加入谷歌成为第 23 名员工之前，布赫希特就有一个梦想，那就是建立一个基于网络的电子邮件。谷歌允许员工将 20% 的工作时间用于实验的政策为布赫希特梦想的成功创造了有利环境。2004 年 4 月 1 日，谷歌推出了 Gmail，而接下来发生的事情就是众所周知的了。布赫希特不仅完成了自己的任务，还增加了谷歌的产品组合，在这一过程中，Gmail 自身的其他应用套件也应运而生。在 Gmail 之前，谷歌的主要业务是在线搜索。如今，谷歌已不仅仅以搜索引擎而闻名。

我们发现，人单合一提供了实现这一目标的可能性，只是这一次，员工可以将 100% 的时间用于建设新的链群。作为一种管理哲学，人单合一带有一种贯穿组织文化的基因，因此员工不会被告知要参与其中，他们只是参与其中，因为"这里的事情就是这样"。换句话说，自我可以在一种文化中表达自己并运用自己，这种文化是参与的温床。

对企业文化进行投资的必要性

组织文化具有多面性，因此往往难以把握。它是一个包含信仰、象征、价值观、规范、神话、仪式和惯例的术语。很多时候，文化被简单地等同于习惯，由于这种观点，人们认为文化可以由管理者来创造、改变和调整。这种观点再次默认了关键参与者——管理者——本身就与文化截然不同，因此他们被定位为通过组织行动带来文化变革的外部代理人。实际上，组织文化涉及组织的所有成员。

主流观点认为，文化仅仅是由组织领导者来定义的，文化反映了组织中的价值取向，反过来，这种价值取向又体现在组织生活的许多其他方面。这种观点考虑到了组织中的所有声音，从这个角度来看，组织反映了从直接所有者、管理者和员工到其他外部利益相关者等不同价值体系的交汇点。这些价值观驱动着决策和战略行动，进而影响着公司的绩效。有了共同的意义系统，文化就开始具体化；然而，这种共同认知的实现不能听之任之。企业需要有意识地投资于文化和共同认知。中心参照点是组织成员的强大凝聚点，因为它们有助于将公司目标与个人行动结合起来。共同的知识、共同的叙事、共同的历史和共同的价值观都会产生强大的文化，使组织成员了解公司的愿景以及如何实现愿景。这让领导者的工作变得更容易，用领导力学者加里·尤克尔 (Gary Yukl) 的话说，人们会"理解并同意需要做什么以及如何做"。

公司需要在了解员工方面进行投资，并为他们提供在其岗位上取得成功所需的一切。此外，还需要开展各种活动，培养共同目标感，建立员工社群，让他们了解组织的总体愿景，以及他们的个人工作如何与实现这一愿景相契合。这些活动包括与员工分享组织价值观的正式和非正式会议，但更重要的是展示这些价值观的会议——例如，庆祝和表彰员工的成就，为员工创造参与公司战略计划并发表意见的机会，以及提供支持员工成长和发展的机会。

公司文化还体现在组织流程中，如招聘或指导晋升和职业发展的流程。这些流程应体现包容性、多样性和公平的价值观，从而使公司能够吸引和留住员工，增强竞争优势。许多公司都将员工视为最重要的资产，因此，企业有必要"说到做到"，在招聘、留住和发展员工方面进行投资。这种投资于员工的方法有助于形成一种有利于创造和创新的文化，使组织成员能够在这种文化中茁壮成长。它为员工创造了一种心理上安全的氛围，使他们能够参与各种活动，从而加强了员工与用户之间的联系，而这正是人单合一理念的核心所在。

为新员工和现有员工实施和强化人单合一文化

如果没有文化的支撑，人单合一的理念将会是不完整的。要在组织内实施人单合一，我们需要考虑建立一个切实可行的框架，让员工能够在人单合一所信奉的宗旨中茁壮成长。

对人单合一核心生态系统时代的认识为我们提供了在组织内试验可操作想法的机会（详见第 1 章）。

这是因为生态系统会对不同数量的相互关联的参与者产生拉动和推动的影响，从而将所有成员凝聚在一起。这意味着要不断采取可行的措施，以确保生态系统的成功。以海尔企业家刘占杰为例。受海尔创业计划的吸引，刘占杰辞去了大学讲师的工作，于 2001 年加入海尔研发部门。2005 年，随着人单合一理念逐渐融入公司的 DNA，刘占杰雄心勃勃，成了海尔生物医疗的负责人并成功地领导了该部门。在成功组建了一支由其他员工组成的团队后，他们很快就开始寻找用户需求以及物联网（IoT）等有助于满足用户需求的机会。刘占杰和他的团队很快发展到 30 名员工，他们以建立自己的链群为使命，共同实现了一年比一年出色的业绩。2019 年 10 月，海尔生物医疗成功实现首次公开募股（IPO）。通过链群这一框架，刘占杰实现了从普通员工到上市公司负责人的转变。此后，海尔生物医疗的市值从首次公开募股时的约 14 亿美元增至 60 多亿美元。员工人数也从最初的 30 人增加到 2000 多人，其中 67 人获得了股权激励。

通过链群延续的人单合一文化确保了以人为本的理念在整个组织中的渗透，因为员工可以展现自我，发挥主人翁精神，为用户创造价值。海尔将此称为"人的价值最大化"，表现为一种循环（创造价值→传递价值→分享价值），从而使用户和员工都能获得所创造的价值。从这个意义上说，就是要营造一种氛围，让内部创业者脱颖而出，支持这些内部创业者最终创建自己的运营生态系统。在西方，文化融合问题一直困扰着各种并购活动，而这种由内而外的方法有别于西方企业经常采用的收购模式。

员工为用户创造价值的另一个例子是海尔的食联网链群（见第 4 章）。他们的口号是：用户需要的不只是一个好的厨房，更是可口的美食。

食联网对用户真实需求的洞察力促使他们与其他参与者建立合作关系，创建了一个生态系统，让用户可以在自家舒适的厨房里获取菜谱。最初，通过与智能烤箱和冰箱连接，用户可以访问"一键烤鸭"等菜单，获得家庭用餐体验。经过 100 多次迭代，食联网创始人张瑜和烤鸭大厨张伟利现在可以为用户提供各种一键菜单。此后，食联网通过海尔烤箱卖出了 30 多万只烤鸭，销量相当于中国第三大烤鸭店，虽然他们没有实体店。

通过链群部署的人单合一管理模式打破了传统企业的边界，并帮助生态系统内的所有参与者实现了价值最大化。在实践中，链群是通过与员工签订正式合同的方式组织起来的，从而避免了组织的混乱。

链群合约：价值战范例

链群合约及其有效性的基础在于它建立在均衡价值之上。通过链群合约，链群实现了各种战略组合的纳什均衡。换句话说，在这一框架内运作的人都清楚，他们的所作所为和参与方式对各方都是最佳的。

想想在我们再熟悉不过的价格战中会发生什么。一家公司决定通过提供尽可能低的价格来留住用户和吸引消费者。这在短期内可能有利可图，但往往无法创造可持续的价值，因为其他参与者可能有更强的经济实力，可以抵消价格战中的任何收益。然而，如果企业为了所有人的利益而寻求避免价格战的策略，那么各方就会围绕所有相关方的最佳战略结果达成一致。这需要纪律和创造价值循环的信念。其脆弱性在于，一旦采取了否定商定方法的单一行动，平衡就有可能被打破。这并不是说竞争对手聚集在一起就各自的结果达成一致；相反，通过各自独特的策略，"看不见"的平衡可能得以维持，也可能被打破。在后面的情况中，企业所处的位置不再代表最佳策略。

对于海尔的链群合约而言，通过"人单合一计分卡"衡量所实现的纳什均衡确保了积极的结果，即所有参与方都致力于创造共享价值，这与其他各种市场和商业组织的高度个人主义思维形成鲜明对比。在链群中，创造的价值变成了共享价值，这体现在对所有员工的货币奖励上。例如，15世纪在意大利发明并在全世界普遍使用的复式记账法的原则是"每个借方总有相应的贷方，借方总额和贷方总额总是相等的"。例如，在资产负债表中，一台设备的资产方可能标有 100 万美元的价值。相应地，我们也必须将这 100 万美元视为负债或潜在的所有者权益等。或许，它可以显示为购买或收到的贷款等。归根结底，资产负债表的两边都必须核对到最后一分钱。在变幻莫测的商业世界中，创造和分享的价值往往并不平等，也不像资产负债表中的类比那样线性。一个设计师的设计可能会大红大紫，但设计师可能只能获得设计之初的相关价值，即设计费。这似乎是公平竞争。毕竟，好的设计预示着公司及其出资人未来将获得丰厚的回报。在人单合一项目中，对这种情况采取了一种激进的方法。增值回报被视为一种共享价值，链群内部的每个人都能分享产品在市场上的巨大成功。基于人单合一的链群以人为本，这意味着每个人都有很高的积极性和自我领导的能力，没有任何单一的权力机构可以主宰链群的发展。

链群的价值：植根于平衡、增长和共同创造

海尔的链群合约毫无保留地植根于中国文化，其以人为本的管理理念在将失败企业转变为全球成功企业的过程中取得了无与伦比的成功。仔细观察就会发现，儒家和道家哲学的影响也存在于一些有影响力的中国文化经典中。比如根据《易经》，人们可以通过了解各种元素之间的关系来达到平衡。书中提到了五种元素：金、木、水、火和土。相近的元素会相互促进或支撑，而相距较远的元素则会相互制约。以道家思想为例，按照顺序排列的水、木、火三者在关系上是相邻的；按照它们的关系定位，水更靠近木，因此水生木。同样，木生火，依此类推。然而，按照排列顺序，水和火的关系较远，因此水克火，以此类推。同样，与这一信条相关的世界观是，企业之所以能够崛起，是因为竞争者和共同创造者在关系上相邻，根据其在市场中的关系定位，相互产生、维持或限制。因此，公司不能想当然地认为其市场领导地位是理所当然的，因为它只是生态系统的一部分，而且关系排列可能会发生变化。这就需要谦逊，这是人类的基本美德，也

是管理的核心。

丹娜·左哈尔（Danah Zohar）的量子管理理论认为"没有原因，只有关系"。换句话说，所有事物都是相互联系的。打个比方，一家制造企业可能会在库存和应收账款两个方面出现问题（例如，公司无法出售的高库存和无法收回的大量应收账款）。当公司内部各部门拒绝承担责任时，要找出库存/应收账款问题的根源就成了一项挑战。这种情况往往是由于各自为政造成的，尽管公司从根本上是相互关联的。例如，研发部门可能会认为产品的设计非常出色，因此问题一定出在生产过程中。工厂经理可能会说，产品制造得很好，因此不应该把销售不佳归咎于此。销售人员可能会把责任归咎于发货不及时和后勤支持。这就形成了一个恶性循环，同时也削弱了公司内部的联系。

在链群合约中，生态系统的连通性被提升到一个新的高度，因为它将每个人都联系在一起，并将组织视为一个整体。这样，每个人都要对积极或消极的结果负责。因此，协作努力与组织结构交织在一起，员工为共同的目标而努力。通过这种方式，可以集体应对突发挑战。因此，链群合约对不可预见的意外情况持开放态度，并为组织所接受。诺贝尔奖获得者奥利弗·哈特（Oliver Hart）提出了"不完全契约"（incomplete contracts）的概念，认为任何契约在签署时都不可能详尽无遗地考虑到与签署方相关的所有因素。在观察了海尔的链群之后，同样是诺贝尔奖获得者和不完全契约理论共同提出者的本特·霍姆斯特罗姆（Bent Holmstrom）认为，这为未来的管理，尤其是以物联网为核心的管理提供了新的机会。

在运营方面，链群合约是一种共同创造的现象，因为员工与用户共同努力，确保生态系统的目标不会受到损害。这意味着不再存在传统商业模式中卖方创造、获取并向用户提供价值的买卖关系。现在，这是一种价值共创关系，不存在囚徒困境。因此，链群合约是无限的，随着用户体验的（再）迭代而不断自我产生、自我分裂和自我发展。与此同时，链群合约仍然忠实于商业生态系统的本意。1993 年首创商业生态系统理论的詹姆斯·穆尔（James Moore）认为："共同进化是一个过程，在这个过程中，相互依存的物种在无休止的互惠循环中进化。"共同创造用户体验是没有止境的，无限的互动会带来无尽的进化。这与詹姆斯·卡斯（James Carse）在 1987 年出版的《有限与无限的游戏》一书中所说的话有异曲同工之妙："有限的游戏是为了获胜，而无限的游戏是为了延续游戏。"

　　链群合约是一种生态系统合约，这意味着链群不是封闭的，而是一种无边界的自我组织。在传统合同中，目标往往是根据内部资源和能力来设定的。相比之下，链群为组织员工以外的积极联合创作者留出了空间，让他们与整体目标联系起来（见案例研究 5.2）。截至 2022 年，海尔拥有 4 000 多家小微和约 370 个链群，形成了一个网络化、非线性的组织结构。随着无边界自我组织确保其自身的集体治理、共创和整个生态系统的共享，任何发现的问题都会被及时解决。

案例研究 5.2

FirstBuild 的共同创造设计方法

　　FirstBuild 是通用家电公司旗下的创新实验室，它在创新新的家用产品或电器时采用了一种独特的方法。即共同创造，而不是像传统设计机构那样，由设计人员组成工作团队，以用户为中心构想产品并制造产品。公司利用社群的力量来创造消费者需要的产品。这需要员工和消费者通力合作。通过与消费者直接接触，FirstBuild 的员工为共同市场带来了创新。公司的 CoCreate 平台允许消费者与员工共同参与产品设计。

任何人都可以提交创意，并与 FirstBuild 的员工合作设计家用电器。这有助于该创新实验室将创新推向规模化，其产品中已经包含了消费者的需求。考虑到用户自身的需求，FirstBuild 能够从产品构想到原型，再到最后的制造阶段。在设计的每个阶段，FirstBuild 都会与用户一起完成这一高度反复的过程，因此所创造的产品实际上是一种共同创造的产品，既能让用户满意，也能让员工满意。

在公司内部，FirstBuild 坚持鼓励员工参与创新项目的政策。员工参与了与用户接触的每一个阶段，让他们了解项目要达到的目标。这培养了一种平等考虑所有想法的创新文化，使最初可能看似不入流的产品成为人们渴求的产品。Mella 就是这样一个例子，它是一种可用于食用菌种植的智能家用电器，在与用户、蘑菇专家、Bon Appetit 的食品专家以及其他蘑菇产品创始人的共创中诞生。正如该产品网站上所说的，Mella 可以控制并自动完成必要的步骤，让您在舒适的家中种植出美味的食用菌。在自家厨房里种植蘑菇的想法可能看起来很奇怪，但在 FirstBuild 公司创新文化氛围中工作的员工都很投入，这为他们与需要任何家用电器的用户共同创造新事物提供了机会。Mella 在众筹中筹集了超过 55 万美元的资金。

FirstBuild 公司展示了参与其中的员工为何乐于接受新的挑战、进行创新。员工能够将概念发展成实际产品，并挑战传统的工作方式，组织内部的文化促成了这种工作方式。它为员工的工作方式提供了灵活性，鼓励建立联系，激发用户参与，通过（重新）设计原型为失败留出余地，允许无拘无束地表达自我，并具有参与性的特点。

本章小结与思考

在了解了员工参与的重要性之后，我们为你提供了一些保持员工参与的想法。无论你在组织中的级别和职能如何，都可以做一些事情来强化与员工的联系。正如我们在前面的章节中所展示的，当员工可以自由地成为组织的合作伙伴，以互惠互利的方式与组织合作时，就会有尚未开发的潜力等待着他们去发掘。一些需要考虑的问题和实际步骤如下：

- 你真的了解你的员工吗？你掌握着员工的各种数据（如出生日期、住址、以前的工作单位、教育程度等），但可能往往忽略了提高员工敬业度所需的最重要数据。如果你了解员工的内心想法，你就会为他们创造一个能够茁壮成长的环境。通过谈话和焦点小组进行感性调查，对营造正确的组织氛围大有裨益。

- 如何利用弹性工作制为企业带来的好处？现在的工作环境是混合型的。为员工提供选择工作方式的机会，将在工作日期间的控制权交给员工，是对他们的信任。他们知道必须完成工作，并会自主地完成工作，而不会得寸进尺。因此，让员工自主决定他们的工作模式。这样，你就能营造出信任的氛围和良好的组织文化。

- 你如何利用技术？你可以建立或使用现有的技术平台，为员工和用户之间的对话创造渠道。例如，通过消除内部群体和外部群体的界限，将用户带入公司。像 FirstBuild 的 CoCreate 这样的平台可以帮助你发展持久的用户—员工网络。你还可以利用社交媒体渠道和在线群组，以较低的成本与用户进行有意义的互动。不要"对着"用户提出想法，而是"与"用户一起实现想法。

- 你的组织结构是怎样的？采用链群方法建立组织。人是人单合一的核心，而自己当老板是十分有吸引力的。链群合约是一种行之有效的方法，可以在发展员工的同时实现这一目标。在链群内部，员工与用户的互动已融入生态系统的结构之中。这需要你重新定位并迅速采取措施，这将带来巨大的变化。

参考书目

Carse, J. P. (2013) *Finite and infinite games: a vision of life as play and possibility,* 1st edition. Free Press.

Derksen, M. (2014) Turning men into machines? Scientific management, industrial psychology, and the "human factor", *Journal of the History of the Behavioral Sciences.* DOI: 10.1002/jhbs.21650

FirstBuild: https://firstbuild.com/

I Ching or Book of Changes: Ancient Chinese wisdom to inspire and enlighten, translated by Wilhelm, R. & Baynes, C. F. (1989). Arkana/Penguin.

Hart, O., & Moore, J. (1988) Incomplete contracts and renegotiation, *Econometrica,* 56(4): 755–785.

Khan, W.A. (1990) Psychological conditions of personal engagement and disengagement at work, *Academy of Management Review,* 33(4): 692–724.

Ouchi, W. G. (1982) *Theory Z.* Avon Books.

Yukl, G. A. (2006) *Leadership in organizations.* Upper Saddle River, NJ: Pearson Prentice Hall.

Zohar, D. (2021) *Zero distance management in the quantum age.* Springer Nature.

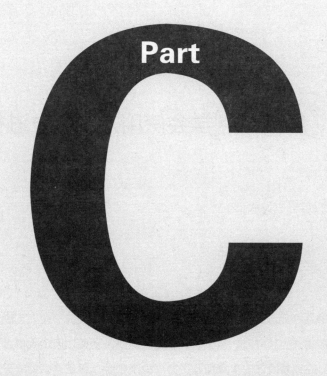

Part

C

第三部分

领　导

是时候考虑自己的领导力转型之旅了。在一个相互关联的世界中，领导力仍然是一个模糊的概念；要驾驭其复杂性，你需要一种指导性的哲学。在本书的这一部分，我们邀请你与"人单合一"一起采用一种新的领导力本体论。

Closing the Service Gap:
How to connect customers,
employees and organisations

第 6 章　学会使用人单合一进行领导

导言

　　本章节旨在引入这样一个观点：读者可能需要转变为一位在互联互通的组织中茁壮成长的领导者。通过研究、深入访谈以及成功运用人单合一模式的领导者们的锦囊妙计，本章强调了各层级领导者在服务该模型的三大利益相关方方面所能扮演的角色，以及他们如何加深这三方之间的联系，从而创造持久且可持续的商业增长。

作为领导者的个人转变的需要

　　我们发现一个有趣的现象，尽管有多部关于领导力主题的著作，但领导力的概念在很大程度上仍然难以捉摸，其定义也模糊不清。事实上，20世纪最著名的领导力学者之一拉尔夫·梅尔文·斯托格迪尔（Ralph Melvin Stogdill，1904—1978）有一句名言："有多少人试图定义领导力，就有多少种领导力的定义。"斯托格迪尔是最早反对"伟人理论"的学者之一，这种理论认为人的某些特质会使他们成为领导者。领导力当然不仅仅是特质的问题。从这个意义上说，我们可以期待处于领导地位的个人能够超越自己的个人特质，重新思考他们必须采取哪些具体的行为，又或许是体现哪些行为，才能成功领导。换句话说，一个组织的管理者应该能够重塑自我，以应对当前不断变化的商业环境所带来的挑战。支撑人单合一的一个隐含假设是，在不断变化的商业环境中，用户不再是"局外人"，而是自由地穿梭于组织的内部和外部世界之间。因此，如果领导者拒绝适应新的组织参与者即用户在组织内部导致的变化，那么最终迎接他的只能是失败。

四十多年前，当领导力学者们开始探索诸如跨交易型领导力和跨形式领导力等理论时，在新的工作领域中领导者个人转型的论证就开始了。詹姆斯·麦克格雷格·伯恩斯（James MacGregor Burns）和伯纳德·巴斯（Bernard Bass）的著作尤其具有启发性。他们从领导特质转向支持有效领导的行为。这些行为包括鼓动人心的激励、理想化的影响、智力激发和个性化的考虑。尽管这种思想转变在学术界受到欢迎，但领导力的实践仍然围绕着个人魅力和特质展开，这在很大程度上受到流行文化和媒体的影响。电影往往以个人魅力、胆识或智慧为基础，歌颂个人英雄主义。印刷媒体的影响力现在也被数字媒体加速，个人领袖的英雄业绩故事广为流传。虽然这种对个人英雄主义的关注并不一定是坏事，因为人们的成就理应得到认可，但反过来说，我们所颂扬的领袖人物往往是精心打造或策划出来供公众消费的。这意味着，领导力的"消费者"可能会被蒙蔽，错误地理解领导力的真谛。

对于一个相互联系的组织而言，管理者的目光必须超越组织自身。事实上，组织内的参与者网络都有相互影响的能力。因此，当代组织中的领导力是一种多向现象，没有任何一个人必须成为关注的焦点。这种关于领导力定义的思维转变对管理者具有重要影响。把领导力理解为多向性，就意味着领导力与组织中的职位无关，而是与施加的影响有关。在实践中，初级同事的领导影响力可能会高于担任管理职位的高级人员。要想有效地发挥领导作用，个人必须进行转变。这种转变承认组织内部还有其他各种相互关联的角色。这些个体以各种方式相互作用：员工与经理相互影响；顾客与员工相互影响；组织与经理和员工相互影响。这就要求管理者从网络和生态系统的角度思考问题，避免自以为是的领导者观念，因为这种观念只会导致自负。人单合一中以人为本的理念要求领导者转变为服务他人、帮助他人发挥最大潜能的人。这种个人定位的转变使培养领导力在践行人单合一的组织中成为可能。

在互联组织中蓬勃发展

人单合一原则的基本思想是，生态系统中的所有成员以一种既能支持彼此又能维持整体的方式共同工作。这意味着生态系统中的各组织成员要明白，他们之间的关系是相互依存的。认识到并以相互依存的方式开展工作，有助于解决职能专业化可能带来的功能失调问题，而职能专业化往往是正规组织结构的标志。这包括消极的内部动力、不健康的竞争以及筒仓思维。例如，食联网是一个生态系统，由多个互补部分和参与者组成，包括厨师、用户、农民和价值链上的其他参与者。每个参与者都为其他参与者的活动提供养分，以保持生态系统的正常运转。例如，农民提供食品原料，而经验丰富的厨师则能够利用他们的专业知识制作出吸引最终消费者的菜谱。

要在基于人单合一原则的工作关系中茁壮成长，必须具备三个关键要素：了解集体价值和共同认知、共享价值体系以及追求共同利益的意愿。生态系统由能力和资源禀赋各异的不同成员组成。首先，拥有共同的认知，了解生态系统中每个成员带来的价值，是维持联系和发展生态系统的关键。

对生态系统中可用的集体资源有一个共同的理解，可以就促进增长和更深层次合作的机会做出决策。决策变得更加迅速，因为所有成员都是节点，同时与环境互动，并以有利于更广泛生态系统的方式理解所获得的信息。其次，如图 6.1 所示，需要有共同的价值体系来引导成员，并充当非正式的道德指南针。生态系统的特征不是内部竞争和利用，而是共同目标、相互支持和依赖以及协作。这种共同的价值体系尤为重要，因为它是将生态系统成员（无论其功能或需求如何）联系在一起的黏合剂。最后，所有成员必须有为生态系统谋求共同利益的意愿。这源于这样一种认识，即影响一个部分的事情最终会影响到生态系统中的其他部分。从这个意义上说，每个成员都成为相互依存文化的守护者，这样每个人都能在专注于发挥自己最佳水平的同时知道背后有一个支持系统。

在一个以人单合一原则为纽带的组织内，可以确定三个关键参与者：组织领导者、用户和员工。他们中的每一个人都在生态系统的持续存在中发挥作用，并与其他人一起为共同利益而独立工作。用户并不是一个单一的群体，因为他们可能涵盖一系列行业或部门。同样，员工泛指那些正式受雇于组织的人。不过，为了便于分析，我们不妨将这些不同的类别作为二元组依次讨论。通过这种方法，我们可以更深入地分析关系的错综复杂和其中的细微差别，从而更深入地了解相互关联的组织。

领导层在服务用户方面的作用

人们通常从双方——领导者和追随者——之间相互影响的关系的角度来看待领导力。传统的领导力概念侧重于人的几个方面，然后根据这些方面将人确定为领导者。通常强调在一个人身上观察到的身体特征和能力，一个人对任务或对人的关心，或者认为领导力是在特定情况下产生的，在

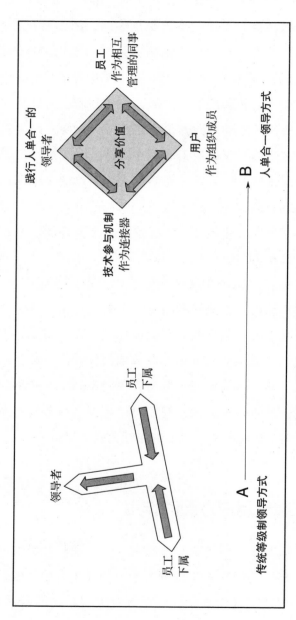

图 6.1　领导方式从传统等级制向人单合一过渡

这种情况下，领导力被认为是情境性的。更具批判性的观点则认为，领导力并不属于某个特定的个人，而是存在于各种关系之中，是分布式或共享式的。这种观点将焦点从单个个体转移到更为分散的领导力概念上。人单合一原则最好以一种领导力概念来理解，即生态系统中的不同成员以动态的方式发挥领导作用。

分布式领导颠覆了传统的等级和权威观念，使组织结构相对更加扁平，权力和影响变得多向。在这一背景下，有可能将用户等非传统参与者引入领导空间。有了分布式领导力的概念，我们就可以在组织领导者和用户之间建立直接联系。用户并不像传统意义上的"追随者"那样对领导者言听计从，而是在互惠互利的关系中作为价值的共同创造者而存在。这对组织和用户都有价值。此外，在这种关系中，对用户的基本态度是服务，即组织中的领导者对这种关系具有相同的合作视角。在没有传统的权力、权威和组织边界概念的情况下，领导者与用户之间的关系是以对用户需求的理解以及能使生态系统受益的技能和能力为基础的。这种互惠互利的关系使组织的物理和逻辑边界变得相当模糊，用户可以自由进入组织空间、贡献想法和参与战略活动。海尔就是这种共享组织空间的一个很好的例子，它允许用户进入其制造工厂，并让用户积极参与设计和开发过程。这种做法背后的理念是，用户是企业和生态系统可持续发展的重要战略投入来源。

还有一点值得注意的是，生态系统中的关键参与者之间存在相互关联性，其中一个参与者的产出成为另一个参与者的投入，并且多个群体都可能会被贴上"用户"的标签，具体取决于谁是各自产出的受益者。

因此，组织的边界是"开放"的。这种开放性的前提是，双方相互信任，并在追求共同目标的过程中相互协作。为用户服务意味着领导者在做出商业决策时要以用户的需求和利益为中心。这是一种真正以用户为中心、"说到做到"的方法。许多组织口口声声说以用户为中心，但实际上主导方向是工具性的，用户只是实现其目的的一种合理手段。人单合一允许以更具协作性的方式重新定义这种组织"目的"。此外，它还为共同制定实现共同目标的最合适的方法创造了机会。这种方法既维护了双方（领导者和用户）作为人的尊严，又使他们能够共同工作和发展。领导者在制定这种互联关系的条款和确保组织认同方面发挥着重要作用。成为"互联型组织"的旅程始于一个过程，按照我们的定义，领导者的职责是在目标和如何实现这些目标方面传达明确的前进方向。

领导层在服务员工方面的作用

从另一个角度看领导者与员工在关联组织中的关系。与传统意义上的正式组织中的权力结构概念类似，员工可以说是不同组织层级领导者的下属。近来，组织中的动态关系发生了变化，员工现在更有发言权，要求更高，而且与用户一样，对雇主和工作条件抱有更高的期望。这意味着权力结构发生了变化，员工在组织中拥有了更大的影响力。在这种背景下，组织领导者有责任密切关注如何为员工创造价值。更重要的是，必须明确注重与员工合作，以满足员工需求的方式实现组织目标。

组织目标通常会在公司网站、文献、广告或公共关系活动中公开阐述，但员工需求却不那么容易确定。除了基本需求之外，著名管理学家赫茨伯格还发表了关于什么能激励员工的著作，并提出了他所谓的"保健因素"和"激励因素"。保健因素指的是那些重要的东西，没有这些东西，员工就会感到不满意，例如工资。研究发现，这些因素与员工的工作效率有关，进而与组织绩效有关。工资和与上司、同事及同行的关系构成了基本的保健因素，没有这些因素，员工就会感到不满意，而激励因素则包括对成就的认可、更高水平的责任以及晋升和发展的机会。赫茨伯格的研究表明，员工的生产力是由激励因素驱动的。人单合一原则是海尔商业生态系统的基础，它提供了一种使组织目标与员工需求保持一致的方法，而不是停留在口头上。海尔鼓励员工通过领导链群寻求个人和职业发展。这种链群领导角色为内部创业创造了一个积极的环境，因为员工可以利用他们的创业技能来开发和发展新的业务或产品线，尽管他们仍然是正式员工。在链群中与小团队一起工作的经验，为满足员工的高阶需求并同时拓展组织的疆域提供了机会。服务于员工的领导力是一种承认员工内在价值的领导力，承认员工不仅仅是消耗性的资源，而是组织进步的合作伙伴。共享这种伙伴关系视角的商业模式既为提高自主性创造了条件，也为提高生产率创造了相互依存的条件。这些企业包括会计师事务所、律师事务所和建筑事务所等专业服务公司，在这些公司中，领导权是分散的，由合伙人组成的团队推动业务发展。相比之下，链群和培育它们的生态系统具有更灵活的组织边界，允许有机增长，同时为提高员工绩效提供激励因素。因此，为员工服务需要转变传统的管理思维，将员工需求置于组织决策的核心位置。

深化三个利益攸关方之间的联系

正如我们迄今为止所提到的，管理与计量或底线无关。著名管理学家亨利·明茨伯格（Henry Mintzberg）经常说："无法衡量的东西必须加以管理。"很难衡量用户与组织的关系有多密切。要衡量用户与员工的关系有多密切就更难了。事实上，拉近用户与员工的距离并不是西方大学所教授的内容。我们可能会接触到拉近用户与组织距离的想法，我们可能会在大学里讨论有关品牌、用户忠诚度、用户反馈等问题。但拉近用户与员工的距离？这听起来很陌生！我们可能会有这种感觉，因为传统观念中的用户是

"消费"企业所提供的产品的，但必须通过"招揽"才能实现。这几乎是一个用诱饵捕鱼的游戏。例如，组织会提供折扣、设计华丽的快闪店、安排快闪族、发放会员卡、进行抽奖并承诺提供诱人的奖品等。这种假定是，用户"在外面"，欲望善变，不知道自己想要什么，很容易被竞争对手吸引。这种用户观让人很难想象员工与顾客之间会有什么联系，更不用说加深这种联系了。

人单合一的哲学拥有另一种世界观。它以人为本，像尊重员工一样尊重用户。因此，将用户视为组织"局外人"的观点是站不住脚的。这种根本性的转变（正如我们在第 4 章中所述）是必要的，这样用户就不会被视为"消费者"，而是被视为使用组织服务或产品的人。创新学者克莱顿·克里斯坦森（Clayton Christensen，1952—2020）认为，必须将用户视为从组织"雇佣"产品或服务的人。作为"雇佣"产品的人，用户会考虑产品或服务能为他们做什么"工作"。换句话说，用户并不是单纯的"消费者"，只想着满足自己的需求。如果是那样的话，用户就应该对组织提供的任何东西感恩戴德，正如谚语所说，"饥不择食"。因此，饥饿的"消费者"不需要因为任何其他原因而接近员工，只需要接受企业提供的东西：忘掉价值主张的想法，他们必须毫无选择地接受任何东西。

从目前提出的论点中，我们可以看到，如果组织不从根本上转变对用户的看法，就有可能失去用户。这一点很简单：用户和员工必须受到同等重视，他们的意见必须得到尊重，他们的意见必须被提交到组织的决策层，决策层每天必须像对待员工那样与他们一起工作，不断与他们接触，并且像对待员工那样以同理心进行管理。这是人单合一组织的核心，它要求深化该模式所有要素（即用户、员工和组织）之间的联系（见图 2.2）。

要加深这三个利益相关者之间的联系，技术参与机制至关重要。各组织可以利用现有技术来加强这些联系（正如我们在第 4 章所述）。我们希望在此强调的是技术参与机制的作用。在一个超级互联的世界里，数字技术不仅仅是用来完成工作的工具。以往的工具主义技术观在前几次工业革命中发挥了作用。在第一次工业革命中，技术帮助将体力劳动转变为机械劳动。在第二次工业革命中，我们看到了传送带的出现，技术帮助我们实现了标准化生产并提高了产量。第三次工业革命是计算机时代，我们看到计算机帮助我们实现了许多我们认为不可能实现的目标。在所有这些时代，我们仍然认为技术可以帮助人类完成他们自己无法完成的事情，或者以一种更有效的方式完成这些事情。

　　近段时期，在第四次工业革命的推动下，我们看到了一些非常独特的现象。技术不再只是我们使用的工具，它已成为我们生活的一部分。每天早上醒来，我们的床边都会出现科技的身影，在某些情况下，整个家庭都通过物联网（IoT）连接在一起。无处不在的智能手机将数字技术带入我们生活的方方面面，包括员工的工作生活。随着数字技术在社会中的渗透，在员工和用户之间建立联系的机会已经存在。当前的第四次工业革命时代引入了前所未有的连接方式。例如，连接设备和人相对容易。设备中内置的各种传感器（在某些情况下，还包括技术强化的人类）使人类和非人类设备之间的连接天衣无缝。智能手机不再是打电话的工具，现在已成为自我的延伸，携带着主人的一切信息。在极端的情况下，一些人通过植入技术来增强自己的能力，现在的连接变得更加个性化和具体化。因此，这个时代使得用户与员工之间的连接成为必然；换句话说，即便组织不追求连接，连接也会发生（或已经发生）。

　　要加深组织、员工和用户这三个利益相关者之间的联系，就必须将对技术作为三方参与要素的理解转化为实际行动。这就要求对特定的平台技术进行投资，以确保用户在组织内部的访问权和发言权。同时，这种开放式访问必须确保员工能够与用户自由互动，与用户一起工作，而不仅仅是与用户聊天。这不仅仅是倾听用户需求的游戏。我们可以通过用户调查、焦点小组和其他各种市场研究技术等传统方式来实现目标。在加深联系方面，我们的意思是让用户的声音影响到组织的运作方式和所提供的产品。这样，员工就可以创造性地与用户互动，确保所提供的产品或服务确实符合用户的需求。

创造可持续的业务增长

本章的重点是强调"互联组织"的重要性和意义，即用户、员工和组织是相互依存的合作者。这种联系是业务增长的基础，因为用户是新创意、产品或产品开发的关键来源。通过合作挖掘用户的需求（包括当前和未来的需求）为公司创造了无限的发展机会，因为公司与用户共同发展，并与时俱进。除用户外，生态系统中的其他成员也是业务决策中潜在的战略意见来源。因此，链群能够通过深入了解目标市场实现增长。此外，随着用户偏好的变化和需求的改变，未来市场也有机会得到开发。影响用户需求和偏好的因素有很多。这些因素包括与年龄、性别、优先事项和与价值观变化有关的新需求，导致偏好变化的社会话语的转变，技术进步和信息通信技术的影响，以及社交媒体作为社会变革催化剂的作用。

深入了解现有用户的特征以及这些特征是如何演变的，可为企业提供丰富的数据来源，从而揭示用户偏好和需求的发展方向。保持企业与用户之间的密切联系，以及时响应用户不断变化的需求，从而保持用户满意度和忠诚度。海尔热衷于在其链群中推广人单合一实践，其链群理念的试点带动了其物联网的发展，并随着时间的推移促进了其品牌形象的建立。其品牌形象已从传统的产品品牌转变为生态系统品牌。物联网中的链群例子包括食联网。这些结构不仅激发了生态系统合作伙伴的潜力，还激励了生态系统的参与者。因此，为生态系统内的企业创造了良性竞争以及健康和可持续增长的途径。研究表明，海尔智家的生态系统已在全球范围内吸引了超过 1 500 个品牌和近 10 000 个生态系统合作伙伴。此外，还创造了 1 500 多名具有增值回报的创客合伙人。

尽管全球主要市场的家电行业不景气，但海尔仍凭借其生态系统模式实现了增长。

人单合一理念的实践领导者强调了与用户紧密联系的作用，并提出平等、尊严和自主等核心价值观是实践的关键要素。这些价值观确保了资源的提供以及员工作为个人和小微主的成长。这种做法体现了海尔以人的价值最大化为目标的相关管理模式。链群的组织结构是工作设计中体现自主性的一个主要方式。物联网的特征是三类小微，即用户小微、节点小微和共享服务平台。用户小微主要与用户或最终用户互动，以满足他们的需求。用户小微保持开放的沟通渠道，以发掘用户当前和未来的需求，组织可对这些需求做出回应。节点小微是从供应链、研发和物流等支持平台的分拆中产生的。用户小微和节点小微在一个网络结构中协同工作，并根据规定了财务义务的合同进行运作。第三类小微，即共享服务平台，是指以前的职能部门被整合到一个共同的平台上，为用户小微和节点小微提供服务。合并为单一共享服务平台的职能部门包括人力资源、法律、信息技术服务和财务部门，它们共同为小微服务。

通过将各自为政的职能部门转变为共享平台，通过软件和相关运营系统提供运营支持，打破了传统的组织壁垒，创建了一个无缝连接的组织。海尔的绩效显示了其组织结构的价值。海尔颠覆了日本式的传统官僚体制，推动了一个强调使用权和自主权的新时代，同时为员工激励和持续绩效提供了动力，以实现其最大限度地提高人的价值的目的。通过对海尔的研究，我们发现"空气网"是一个很好的例子，说明了深化生态系统中主要参与者之间的联系如何有助于实现可持续绩效和业务增长（见案例研究6.1）。

海尔的空气网

海尔空调是海尔集团旗下一个广受欢迎的品牌，成立于1985年。海尔集团作为中国最重要的白色家电制造商和有价值的品牌，将自己重新定位在智能新风解决方案领域，专注于"制造新鲜空气"，而不是"制造好空调"。

全球领先的市场研究机构欧睿国际（Euromonitor International）的行业报告和市场研究表明，2017年至2019年，海尔的市场表现持续强劲，在家用空调品牌出口方面位居中国自主品牌前列。其市场份额从30.9%到40.7%不等。海尔开创了行业的多个第一，塑造了中国空调市场的格局，开发了第一台分体式空调、第一台变频空调、第一台多联分体式空调、第一台无氟变频空调和第一台节能直流变频空调。顺应生态系统发展的趋势，海尔创造了第一台物联网空调，随后又推出了其他创新产品，包括推出混合新风技术，该技术采用空气隧道设计，将冷空气和环境空气融合在一起，使空气处于最佳温度。为了实现"制造新鲜空气"的愿景，这项创新还提供了自清洁技术，使空调能够自我清洁。

海尔通过创新技术和持续改进，有计划地扩大产品范围，为用户提供各种解决方案。

例如，通过与用户合作，海尔在自清洁空调中增加了空气净化器技术，以清洁室内空气；还设计了一款智能手表，可通过语音指令控制空调，并凭借这款手表进军智能可穿戴设备领域。海尔还通过与监管机构合作，参与了多项产品安装行业标准的制定工作。公司敞开大门，与同行共享一些专有技术，以实现共同进步，同时也建立了自己的合作组织生态系统。例如，与苹果公司的合作建立了一种互利共赢的关系，苹果公司也将海尔确定为其全球家电合作伙伴。

案例研究中描述的行动表明，开放性和生态系统思维是人单合一管理理念的基础。这其中有许多值得我们学习的地方。拉近与用户距离的目标促使海尔十分重视研究和设计，并因此在中国、德国、日本、新西兰和美国等多个国家建立了研究中心。这在为海尔扩大影响力和创新能力创造机会的同时也将当地资源整合到了生产活动中。海尔在全球拥有 18 家制造工厂，其中 9 家在中国，9 家在其他国家，海尔的定位是及时响应用户需求，最大限度地减少供应中断或库存短缺情况的出现。海尔中央研究院拥有 46 个实验室，专门研究环境模拟、噪声和电磁兼容技术。中央研究院与五个研发中心合作，开发出一整套先进技术，推动空调行业的发展。海尔与霍尼韦尔建立了联合创新中心，以脱碳、减排和增效为基础，开展家用电器和智能控制方面的研究。这一举措是对用户需求的回应，也是海尔与用户共同参与决策的体现。另一个联合实验室是与上海日立（Shanghai Hitachi）和三菱电机（Mitsubishi Electric）合作建立的，以生产压缩机、半导体芯片、制冷和热泵技术等。这种合作关系使海尔的合作伙伴能够利用各自的优势，在空调行业追求前沿技术和创新。

在产品设计方面，海尔深谙用户需求。例如，其推出的智能空调"天尊"在 2014 年广受好评，并被评为用户首选空调。其他产品还包括"天铂"空调、"帝樽"空调、空气盒子和空气 Mini。这些产品代表了行业对智能技术的拥抱，但更重要的是，它们是海尔与用户密切合作的成果。例如，海尔在 2015 年推出了年轻人的智能空调，以满足年轻一代对智能体验的需求。在满足用户需求的同时，海尔注重满足用户对新风而不仅仅是一台空调的需求，并提出了新风生态的理念。其中包括与中国建材检验认证集团（CTC）和中国天气网合作成立健康空气生态系统联盟。新风生态系统的理念吸引了 500 多家新风资源提供商，并得到了其他品牌的支持，它们也开始开发自己的新风解决方案生态系统。

　　作为生态系统的领导者，海尔利用其与用户的密切关系，为特定用户群创造解决方案，从而在竞争中保持领先。例如，公司通过重塑业务模式，为母婴、大学校园和其他企业用户提供新风解决方案。例如，新风共享解决方案在高校非常实用，目前已在全国 300 多所高等院校推广。在对用户习惯的研究中，海尔还部署了自主检测、决策和处理技术，以创建基于场景的定制化服务。通过这些模拟，可以设计出个性化的空气解决方案，包括室外草坪、客厅和卧室空间。这些技术被视为流程的一部分，而不仅仅是用来达到目的的工具。因此，这些技术的使用高度集中于满足用户需求，在本例中就是"制造新鲜空气"。

　　不难看出，海尔的业务表现不仅在销售和出口方面取得了成功，而且在电子产品领域拥有强大的品牌优势，在能源效率方面获得了美国环境保护署（EPA）和欧洲环境局（EUROVENT）的赞誉。海尔在产品开发和国际化方面的做法体现了从"产品为王"的硬件时代向"员工与用户共同创造价值"的新生态系统时代的转变。通过汇集广泛的资源提供者，知识和资源在生态系统内得到共享和整合。建立合作伙伴关系的主要目的是共同创造和协作推动创新和创造力。生态系统产生的这种价值是单个组织无法比拟的。通过开放组织边界，创造了共同构想新鲜空气生态系统未来的机会。从这个意义上说，生态系统合作伙伴可以利用平台能力，引导开放和共享，所有这些都体现了人单合一理念的核心价值。生态系统使资源提供者不再各自为政，而是成为合作伙伴，共同关注空调及其发展，以满足用户需求。因此，他们为用户居住的所有空间（如家庭、办公室、商业空间、移动空间等）以及各种生活方式场景提供解决方案，从而为用户创造个性化的新鲜空气体验。通过对组织结构、组织边界和组织价值观等传统观念的挑战，海尔能够通过共同创造来实现其目标，这涉及员工与用户之间的密切合作，并以参与式技术为关系的核心。

成功引领人单合一模式

以人为本的管理方法是人单合一理念的核心，它植根于协作式领导风格。要想成功地运用人单合一三要素（见图 2.2）进行领导，管理者必须批判性地重新审视自己的领导风格。这就需要在自我审视后采取反思行动。领导的指导性方法必须让位于委托等概念，委托应成为加强远程团队的一种技能，而且是一种具体化的技能。从案例研究 6.1 中可以看出，成功往往是通过合作取得的——在本案例中，是所有利益相关者的共同努力，而不是仅由组织做出决定。

然而，这些事情并非没有挑战。协同工作本身就会带来混乱的局面。组织必须仔细考虑自身的内部能力，员工也会经常考虑执行用户要求所需的资源或时间，同时还要考虑其他要求苛刻的用户或需要完成的任务。这种权衡需要技巧、谈判和权衡。对于一个组织来说，设计一种内部有能力制造的产品，然后由用户购买，要比与用户经常出现的意见分歧打交道容易得多。然而，人单合一希望企业能够超越自身利益，致力于满足人的需求，而不是简单地设计产品或服务并销售出去。从这个意义上说，我们发现践行人单合一的组织，如海尔的空调设备，不仅要制造出好的空调，还要以"制造新鲜空气"这样一个目标来探索和满足人的需求。当然，该组织并不是真的要制造新鲜空气，但其对存在理由的重新认识确保了与其管理理念的一致性。当然，对于一些仅仅为了喊口号而喊口号的组织来说，这可能会也可能不会转化为实际的业绩。关键是要确保组织内部的管理实践能够与所信奉的价值观相匹配。

说与做之间的差距可能会限制组织实施人单合一管理原则。这就是领导力在推动变革中的关键作用。2022 年，管理学者阿玛尔·阿玛迪（Amal

Ahmadi）和勒贝内·索加（Lebene Soga）对创业行为进行了一项研究，结果表明，与实际行动相比，恐惧更能抑制想做某事的意愿。有趣的是，该研究还认为，恐惧可以成为实际做事的推动力。这表明，个人或组织是接受这种以人为本的管理方法的挑战（显然，这种方法已经改变了海尔、三洋和通用家电等公司），还是因恐惧而退缩，环境因素非常重要。成功领导人单合一是可能的。然而，选择这条路对管理者提出了要求。管理风格需要变革，管理者要谦虚，下放权力，邀请员工和用户承担起领导责任。那些追求成为众人瞩目焦点的人是无法通过人单合一发挥领导作用的。只有那些真正追求变革和影响力的人，才能利用人单合一理念的变革力量。

本章小结与思考

在我们所研究的管理者中，有一个一致的主题，那就是他们对自主和合作实践的信念。例如，海尔日本公司的负责人经常会去拜访员工，与他们一起喝酒和进行非正式谈话。员工们谈到，他们认为这些时刻对于向领导传达他们的想法十分必要。日本企业以权力距离大而著称，在这种文化背景下，管理者的这种做法与其他组织的同时代人所习惯的做法背道而驰。与我们交谈过的几位管理者还告诉我们另一个重要诀窍，那就是要有勇气去做与众不同的事情。这听起来几乎是老生常谈，但言行一致确实需要勇气。关键是要确保整个组织对人单合一的理解是一致的，并坚持自己的理想。这就好比戴着一副透视镜，每个人都能透过这副透视镜看到事物。我们可以在社会中观察到这一点，文化艺术在群体中具有一致的意义。同样的道理也可以复制到组织中，让人单合一成为组织意义创造的"文化"透镜。给管理者的另一个建议是为"外来者"敞开大门，并保持大门敞开。这包括在生态系统中建立自己的价值链。例如，海尔集团创始人张瑞敏曾用热带雨林作比喻。作为一片森林，它是开放的，所有的动植物都能在其中发挥作用。同样，开放意味着与生态系统中的其他组织合作，而不是与之竞争。例如，智慧厨房企业与家具生产公司、当地餐馆或食品营养师等密切合作就很有意义。虽然其中一些合作是常规性的，但有时必须积极地制定和建立这种开放性。这里的专业建议是，在你的生态系统中积极寻找那些能够帮助你实现组织价值主张的人，并建立这种联系。最后，擅长人单合一的管理者在使用技术方面富有冒险精神。他们将技术视为日常活动的必要元素，并寻求与用户互动的新方式。这里有一个建议，那就是创造性地使用已有的技术，而不是简单地传播。你可以更有策略地利用社交媒体平台，为用户建立归属感，而不仅仅是与他们对话。

总之，以下是一些反思性的问题和实用的想法，可以帮助你采用人单合一方式进行领导：

- 你对授权和分享权力的开放程度？应鼓励自主和协作实践。为此，你可以在打破等级制度、分配新角色和组建负责建立链群的团队时下放权力。

- 你以前对管理和领导力的固有观念是如何阻碍你接受变革的？拿出勇气，挑战你对管理的固有观念，以不同的方式做事。你可以在下一次管理会议上提出新的愿景，并邀请其他人与你一起踏上征程。改变是可能的。一个快速实用的愿景塑造模板可以包括以下内容：故事——分享你的故事；陈述——提供一个你希望达到的目标的愿望陈述；口号——以一种令人难忘的方式抓住必须做的事情；步骤——提供个人必须遵循的可操作步骤，以达到你希望达到的目标。只有通过合作，从而确保企业的自主权，愿景塑造才能取得圆满成功。

- 在你的生态系统中可以建立哪些新关系来实现你的组织目标？积极寻找生态系统中能够帮助你实现价值的人，并与他们合作建立你的价值链。你可以复制我们之前讨论过的链群合约模式（见第 2 章）。让你的员工建立新的联系，你将从中发现价值。

- 能否以不同方式使用现有技术？在技术方面，首先要创造性地使用现有平台，让员工和用户参与进来。有时，这仅仅是如何使用技术的问题，而不是投资新技术。

参考书目

Ahmadi, A. & Soga, L. R. (2022) To be or not to be: latent entrepreneurship, the networked agent and the fear factor, *Technological Forecasting and Social Change,* 174, doi: https://doi.org/10.1016/j.techfore.2021.121281

Alade, K., Windapo, A. & Wachira, T. I. N. (2021) Rethinking leadership in the fourth industrial revolution: lessons for construction business organizations, *Journal of Leadership Studies,* 15(1): 74–80.

Bass, B. M. (1985) Leadership: good, better, best, *Organizational Dynamics,* 13(3): 26–40.

Bass, B. M. (1999) Two decades of research and development in transformational leadership. *European Journal of Work and Organizational Psychology,* 8(1): 9–32.

Burns, J. M. (2004) *Transformational leadership.* Grove Press.

Christensen, C. (1997) *The innovator's dilemma.* Harvard Business Review Press.

Drucker, P. F. (1999) *Management challenges for the 21st century.* Elsevier Ltd.

Gronn, P. (2002) Distributed leadership as a unit of analysis, *The Leadership Quarterly,* 13(4), pp. 423–451.

Gronn, P. (2008) The future of distributed leadership, *Journal of Educational Administration,* 46(2): 141–158.

Hackman, J. R., Oldham, G. R. (1976) Motivation through the design of work: test of a theory, *Organizational Behavior and Human Performance,* 16(2): 250–279.

Herzberg, F. (1966) *Work and the nature of man.* Cleveland, OH: World Publishing.

Herzberg, F. (1968) One more time: how do you motivate employees?, *Harvard Business Review,* 46(1): 53–62.

Mintzberg, H. (2009) *Managing.* FT Press.

Moss, J. (2022) The pandemic changed us. Now companies have to change too, *Harvard Business Review,* https://hbr.org/2022/07/the-pandemic-changed-us-now-companies-haveto-change-too (accessed 19 August 2022).

Soga, L., Laker, B., Bolade-Ogunfodun, Y. & Mariani, M. (2021) Embrace delegation as a skill to strengthen remote teams, *MIT Sloan Management Review,* 63 (1): 1–3.

Stogdill, R. M. (1974) *Handbook of leadership: a survey of theory and research,* 2nd edition. Publisher Free Press.

Closing the Service Gap:
How to connect customers,
employees and organisations

07

第 7 章　超越仅仅为用户服务

导言

　　本章建议读者超越"服务型领导"这一备受推崇的概念（即领导者的主要目标是为他人服务），转而关注一种与互联生态系统中的工作更加匹配的新型领导力。我们将讨论领导者应具备哪些特质和技能，才能在不影响自身应变能力或公司财务状况的前提下，切实为用户、员工和组织服务。在对比两种领导力形式之后，我们将为你提供来自成功领导者的实际建议，用于个人和职业发展。

服务型领导的价值

　　对于管理者和学术界来说，领导力作为一种实践，确定其概念一直是个难题。首先，我们无法定义什么是领导力，这使得领导力的实践难以把握。多年来，各种形式的领导力层出不穷，关于领导力概念的书籍也不胜枚举。对领导力的定义有很多种，我们不想往已经相对成熟的领导力定义中再添加新的定义。事实上，领导力学者沃伦·本尼斯（Warren Bennis）和伯特·纳努斯（Burt Nanus）进行了一项研究[1]，以了解多年来人们是如何定义领导力的，结果发现在现存文献中有超过 850 种关于领导力的定义！我们只能推测在他们进行研究以来的 20 年间，这个数字已经有所增加，而在我们撰写本书时这一数字可能更高。对于我们或该领域的其他学者来说，这并不奇怪，领导力领域的一位重要学者基思·格林特（Keith Grint）[2]指出："领导力研究在探寻领导力的'真相'方面似乎并非循序渐进：我们研究领导力的时间越长，情况就越复杂。"

　　领导力是一个难以捉摸的概念，因此，在本章中，当我们谈及"超越仅仅为用户服务"时，我们要充分理解服务型领导的含义。可以说，服务型领导是领导所具有的众多名称标签之一，但我们会尽可能地使其实用化，并主张管理者超越仅仅领导这一单纯的概念。首先，什么是服务型领导？当你阅读有关服务型领导的文献时，通常会提到两个关键人物。弗洛伦斯·南丁格尔（Florence Nightingale）和特蕾莎修女（Mother Theresa）是服务型领导的典范，她们照顾病人的方式、她们的谦逊、同情心和无私奉献，都是服务型领导的体现。这是理解服务型领导的一个很好的方法，但它还有更多的内涵。罗伯特·格林里夫（Robert Greenleaf）[3]首次提出了服务型领导这一概念，尽管这一概念的要素早已存在于现存文献中。格林里夫的服务型领导理念受到赫尔曼·黑塞（Hermann Hesse）1932 年的经典作品《东方之旅》（*A Journey to the East*）的启发，在这部小说中，一群被称为"联盟"的人为了寻找"终极真理"而踏上了东方朝圣之旅。他们在一个普通"仆人"利奥的带领和支持下，轻松地完成了这次艰险的旅程，但利奥在途中的失踪却使联盟陷入一片混乱，最终放弃了整个朝圣之旅。任务的失败似乎与利奥的失踪有关，在失望之余，联盟的一名成员努力寻找原因。在他最终与利奥相遇后，他对生命的探寻找到了答案。只是他发现，原来"仆人"利奥实际上是指挥整个精神探险的联盟领导者，他发起了整个心灵之旅。正是这种"仆人"作为"领导者"的启示，构成了格林里夫的服务型领导的理念。他认为，领导者并不一定是身居高位或头衔显赫的人，而是能够为被领导者服务的人。

从服务他人的角度来看，领导力就有了新的含义。它标志着某些具有仆人特征的行为，例如，谦卑、富有同情心、无私、善良、亲切等。这对领导者和员工都很有价值，因为这些行为会营造出一种相互支持的氛围，从而使员工对组织做出承诺。然而，在现实中，人们可能会期望领导者富有同情心或和蔼可亲，却不会期望领导者拿着毛巾为被领导者洗脚。因此，服务型领导者在组织中所做的事情可能会采取不同的形式或行为模式，但总的来说都是将服务对象置于首位。这与领导学作家西蒙·辛克（Simon Sinek）在其《团队领导最后吃饭》（*Leaders Eat Last*）一书中提出的观点有异曲同工之妙。不过，在格林里夫看来，当领导者将"服务"作为一种操纵工具时，服务型领导也会有阴暗的一面。换句话说，一个人可以出于纯粹的自私目的来实施服务型领导。因此，应该将其视为黑塞《东方之旅》中所描绘的"服务型领导者"，而不是"仆人领导者"。就前者而言，仆人是领导的核心；也就是说，个人首先是仆人，然后才去领导他人。就后者而言，个人本质上并非仆人，而是将"仆人身份"作为领导他人的工具。这种根本性的差异给服务型领导的实践带来了挑战，因为几乎无法区分领导者的真实身份。有鉴于此，我们建议管理者不要仅仅局限于服务型领导的概念，而要考虑到组织的大环境。

超越服务型领导

我们已经探讨了传统领导形式与服务型领导的主要区别。服务型领导注重为组织成员服务，而传统的领导方式则强调权威、权力和业绩，这些都与领导者有关。服务型领导将注意力从领导者转移到被服务者身上，旨在激发和激励他人的个人成长，并创造一个能让人们茁壮成长的环境。

尽管服务型领导有其优点，但仅靠服务型领导并不能全面说明问题。有时组织在高度动态的环境中运作需要不同的领导方法。

环境中的多个参与者本身也在应对其行为空间的变化。在一个生态系统的框架内，存在着不断变化的部分，这就很难始终以百分之百的确定性进行运作。在这种情况下，有必要超越基于领导力特质的方法，因为可能会出现有利于特定方法的情况。[4] 费德勒（Fiedler）于 1967 年提出的领导力权变模型，就是一个试图从情境角度出发的领导力模型。该模型涉及对环境的不同维度进行评估，以确定个人的领导风格与环境的最佳匹配程度。情境被划分为有利或不利的环境因素，包括任务结构、领导者的职权以及领导者与组织成员之间的关系。就生态系统而言，我们可以将其扩展到更广泛的生态系统成员之间的关系。同样，塔南鲍姆（Tanenbaum）和施密特（Schmidt）[5] 于 1973 年提出的连续性理论也从静态领导观转向动态领导观，试图区分以上司为中心的领导实践和以下属为中心的领导实践。可以说，服务型领导方法与以下属为中心的领导方法相一致，以下属为中心的领导方法允许组织成员享有不同程度的自主权。

动态的运营环境为企业超越服务型领导提供了强大的动力。这种环境可被描述为具有四个关键要素：波动性、不确定性、复杂性和模糊性（即VUCA）。这为领导者创造了极难预测的竞争环境，也带来了无数挑战。这种变化也与员工本身有关。多种因素导致了员工行为和态度的转变。社交媒体平台的兴起和全球信息传播的速度为大规模的思维转变创造了机会。这意味着，发生在世界某个地方（如印度、欧洲或中国）的事件可能会在世界其他地方产生连锁反应。这种通过技术实现的空间或地理上的相互联系扩大了思想和社会叙事的影响。例如，通过社交媒体平台分享的信息可以在几秒钟内像病毒一样传播开来，因为人们会继续在他们的社交网络和专业平台中传播这些信息。

工作态度的改变和对灵活工作方式的追求进一步得以实现，技术在这个过程中扮演了促使思想和观念变革的角色。同样，组织也可以利用技术来接触、与这一代用户进行沟通并回应，否则这些用户可能不容易接触到相关技术。这就是千禧一代和未来的年轻劳动力所代表的一代用户。

注重绩效的组织可以通过实践人单合一理念获益，为员工创造发展和展示成长型思维的机会。经营链群合约就是这样一个机会，因为它能让员工重新审视自己的角色，成为企业内部创业者，不断突破自己的创新潜能极限，并在实现综合生态系统的积极倍增效应方面发挥关键作用。此外，在主流和边缘部门追求增长也是生态系统扩张战略的关键。通过利用技术了解不同市场并扩大生产规模，这种方法可在地域基础上复制。合作伙伴关系和战略联盟也有助于增长战略。可以说，1991年格林里夫在《服务型领导》中提出的理念不可能考虑到未来技术上相互关联的组织或个人。事实上，我们只是在过去20年里才开始看到互联网所带来的巨大可能性，当时网络被重新定义为一个参与信息创造的地方，而不再只是从某个网站管理员那里下载信息的地方。

互联生态系统的领导力

考虑到生态系统中不同部门之间的相互联系，领导者的作用显然超出了单一组织的范围。鉴于前面讨论过的分布式领导力概念，参与领导的关键角色存在于生态系统的每个部分。从这个角度来看，领导力源于共同的目标，并以相互信任的关系为基础。新产品或修改现有产品的想法可以来自供应链中的任何一个环节。

从这个意义上说，推动新方向的行动者是"领导者"，其他人则通过支持这一想法加入进来。例如，原材料生产者（农民）可能会提出自己的见解，从而推动现有产品或产品开发业务流程的创新。生态系统具有跨越传统组织界限的开放性，这为领导者的影响力渗透到整个生态系统创造了有利条件。因此，开放或不断变化的组织边界扩大了领导影响力的范围，使其超越了员工和用户。整个生态系统的联系就像一个更广泛的组织，它作为一个由相互依存的各部分组成的网络运行，同时又不失各组成部分的特性。在这种情况下，领导层认识到每个组成部分的个性及其在竞争环境中强化身份认同的价值。此外，这种运作结构是可变的，允许一种动态的领导形式，一种与单一中心人物无关的领导形式。

链群合约的理念允许任何员工接受领导力的挑战，并推动组织内的创业活动。以海尔为例，选择接受这种挑战的员工会得到总公司的支持，他们的小微会在总公司的技术平台上运行。随着链群合约的发展和创新，新的小微应运而生，而这些小微又会形成新的链群。因此，生态体系在有机扩展的同时，其精神和所服务的用户仍然紧密相连。海尔收购三洋公司后，在运营结构、奖励制度和晋升要求等方面进行了重大改革。在传统的领导结构下，权力等级森严，员工晋升领导职位需要排队等候。员工不得不等待资深同事退休后出现的职位空缺。然而，海尔允许每个人提出自己的引领目标并为之负责。既有大目标，也有小目标。同时，海尔还打破了现有的薪酬结构，并通过人单合一原则将其与新的经营目标联系起来。在人单合一模式下，主人翁意识会转移到组织中的每一个人，包括产品设计师、员工、开发人员等。

这样一来，公司的业绩也是大家共同成就的，亏损不会被认为是某个人的过错。这种做法有助于为员工创造心理安全感，也是激励员工接受更大挑战的动力源泉。被收购后的三洋公司的新运营模式让增加员工收入成为了可能。除了 12 个月的工资外，公司还根据员工的出色表现发放不封顶的奖金。重要的是，经济激励措施是在共同讨论如何分享奖金的基础上制定的。这为员工提供了一种保证，即采用人单合一原则是积极的一步。

海尔的这些行动是其战略的一部分，目的是消除员工的焦虑、缺乏信任以及通常伴随并购而来的不确定性，并将员工的焦虑转化为共同的主人翁意识。通过共同设想和发现个人愿景（如成为全球企业家）的过程，企业能够培养出内部创业者和领导者，他们会为自己的工作和看到自己的产品在国际市场上销售而感到自豪。这种方法证明了组织价值观、沟通、员工激励和领导力之间的重要联系。这对于在一个相互关联的生态系统中营造有利于领导力建设的环境至关重要。随着生态系统的扩大，这种帮助员工应对组织变革的策略具有重要价值，对于在生态系统中发展分布式领导力也具有现实意义。此外，生态系统的连通性重新定义了团队的界限，跨组织团队也包括在内。矩阵式组织结构摒弃了传统的狭隘团队观，适合采用人单合一方法。随着技术的飞速发展，工作空间也呈现出一种混合形式，即组织的概念既是实体的，也是虚拟的；合作可以面对面进行，也可以通过虚拟方式进行，还可以是两者的结合。这种关于组织边界、结构和空间构成要素的后现代观点，是在相互关联的生态系统中发挥领导作用不可或缺的因素，因为核心战略的基础是以共赢的视角为共同利益服务。

做一个有韧性的领导者

韧性可以理解为事物从困境或不利环境中回弹或者恢复原状的能力。它指的是承受挑战和保持力量的能力。换句话说，这是一种压力测试。就组织而言，我们也可以从个人（即领导者或员工）、团队、组织和技术角度来谈论韧性。当我们谈论个人的抗压能力时，它是指在经历逆境情况时仍能继续保持高效生产的能力。一个领导者要想被称为有韧性的人，就必须具备这样的特质，即在遇到往往超出其舒适范围的挑战时，能够重新振作起来。许多情况都会给领导者带来挑战，需要他们具备适应的能力。

在当代组织中，工作的特点是不确定性、不稳定性、模糊性和复杂性，这意味着领导者往往无法长期停留在舒适区。正如罗特曼大学教授萨拉·卡普兰（Sarah Kaplan）在她的研究报告《为什么社会责任能使组织更具韧性》中所证实的那样，韧性是在困境中抵御风暴的关键特质[6]。事实上，研究表明，新组织的创建或稳定以及失败组织的转型都需要领导者。在应对、管理或解决挑战的过程中，这两种情况都提供了展现抗压能力的机会。领导力的"伟人"理论指出了领导者的关键特质，如激励、有效沟通和促进实现共同目标的能力。对于一个相互关联的生态系统而言，其他领导特质也很重要，例如灵活性、促进不同群体和组织之间的包容与团结的能力，以及与他们保持合作关系的能力、识别潜在合作机会的能力，以及有意义地扩展生态系统的能力。后一组特质偏离了本质主义，承认了领导者适应能力的必要性。领导力学者基思·格林特（Keith Grint）[7]认为，领导力特征不是静态的，而是可以随着时间的推移而变化，环境和情况也会变化，领导者在确保一种稳定的形式中起着关键作用，使组织利益相关者继续保持生产力。

因此，我们可以将领导力的韧性与组织的韧性联系起来。这种类型的领导力可以概括为创业型领导力，它从新的创业角度使我们对领导力有了新的理解。

杰弗里·蒂蒙斯（Jeffrey Timmons）在他的著作《创业精神》（*The Entrepreneurial Mind*）中将创业精神描述为：在别人看到混乱时寻找到机

会；能从几乎一无所有中创造出一些东西；愿意承担经过深思熟虑后感知到的风险。同样，在《哈佛商业评论》[8] 2017 年发表的一篇题为《聘请一位创业型领导者》的文章中，蒂莫西·巴特勒（Timothy Butler）指出了创业者的三个关键特征：在不确定性中茁壮成长的能力、对创作和拥有项目的热情愿望以及独特的说服技巧。这些特质使领导者具有应变能力——能够理解不断变化的环境，并向员工传授知识，帮助他们了解其中的细微差别以及对其工作效率和实现组织目标的影响。如前文所述，对用户需求的深刻理解将使领导者能够与用户保持联系，并在组织、员工和用户三者之间保持联系。

贵公司的财务业绩至关重要

韧性只是通往生态系统绩效之旅的一部分；衡量绩效是评估你的行动和投入是否转化为预期产出的重要方法。关于什么是组织的绩效，有不同的观点，既有强调定量指标的，也有强调定性指标的。从传统意义上讲，绩效是指比以前的状态有所改进。换言之，增长和发展可视为绩效的表现形式。增长可以从不同的角度来理解，如财务、知识、地理、市场份额、用户基础、公司规模、员工实力和合作伙伴关系。这意味着你可以从多个方面追求绩效。除了这些方面，最近的注意力转向了绩效的其他方面，这些方面可以通过 ESG 框架来理解，该框架指的是环境、社会和治理维度（以卡普兰和麦克米兰 2021 年的研究 [9] 为例）。

除了财务指标外，你还应该能够阐明自己的目标，以表达对环境、社会和治理问题的关注，因为越来越多的消费者开始选择与他们合作或做生意的公司，汤姆林森（Tomlinson）等在 2021 年的研究中也提出了同样的观点。[10]

　　一些环境变化涉及组织的直接活动对环境产生污染并造成自然资源的枯竭。其他不利的环境变化可能是由供应链造成的。现在，企业越来越重视原材料的来源及其对环境的影响。在这些变化的背景下，企业必须更加专注于与挑剔的用户建立联系，并在此过程中充分利用技术、数字化和数据分析的力量。

　　此外，全球化和科技驱动型商业的崛起意味着你还需要关注全球，关注生产设施的管理，以满足全球需求，并维持足够的库存水平以支持产品研发和新产品的推出。在涉及可持续发展问题时，你还需要更加清楚自己的责任范围。虽然你的核心生产活动可能不会直接导致环境恶化，但生态系统中其他成员的行为可能会造成环境恶化。对所有权和责任的综合处理意味着你要积极参与解决这些环境和社会问题。无论你在组织中的领导级别如何，你都需要对自己负责。管理是向用户和员工发出信号，表明组织关心他们的利益。在生态系统方法中，领导力可能是分散的，但这并不排除有明确的治理结构。事实上，良好的治理框架强化了人单合一的三元组中三个关键参与者的中心地位及其互联性。

　　关注绩效的这些方面有助于确保你对组织有全面的认识，并为服务用户和员工以实现组织的财务目标做好充分准备。这种全面的利益相关者视角要求你表现出对人类与环境的关注。实际上，这是确保企业在全球更广泛的人与自然生态系统中实现可持续发展的一种手段。它使你的企业在获得经济回报的同时扮演一个负责任的社会和自然环境守护者的角色。例如，海尔在其"空气网"生态系统的节能产品领域所取得的成功，就是创新和财务业绩如何与环境、社会和公司治理问题相结合的一个案例。它使链群能够以环境友好的方式满足用户需求，同时也为员工提供了个人成长的机会，让他们在推动链群发展的过程中扮演新的领导角色。

两种领导方式的对比

正如我们迄今为止所讨论的那样，组织内的领导力实践可以采取多种形式。因此，必须有意识地对领导力进行管理，以达到预期的效果。正如我们所论证的那样，在人单合一的背景下，出现了两种主要的领导形式，第一种是服务型领导，另一种是在相互关联的组织内运作的领导。虽然这两种形式的领导力都能很好地增强组织的应变能力，提高财务业绩，但管理者必须认真考虑如何在各自的组织中发挥领导力。事实上，任何形式的领导力（包括独裁形式的领导）的辩护者都可以声称其特定的领导方式有助于提高组织绩效。然而，事实胜于雄辩。在对实施人单合一的组织进行的研究中，我们看到了领导力是如何发挥作用的，以及哪种领导力能够产生影响。这是一种服务型的领导力——仅此而已。我们的目标是要知道为谁服务以及如何去服务。

就服务型领导而言，关注的焦点往往是员工。这种观点还认为员工是由另一个人（服务型领导）领导的人。正如我们前面所展示的，服务型领导尽管有许多优点，但也有其弱点。在这种领导方式中，如果只关注员工，就会对服务对象产生狭隘的看法。反过来说，领导者也必须培养某些特质，使自己能够在组织中展现或表现出服务精神。在这两种情况下，其他一些因素、利益相关者、环境甚至是技术等非人类因素都被忽视了。毕竟，服务型领导是为员工服务的，就像我们在黑塞的《东方之旅》中看到的那样，利奥是为他的团队服务的。这种只关注领导者与员工之间关系的做法，未能认识到组织运营所处生态系统的大局。此外，"服务型领导"假定存在"国王式追随者"。虽然这种观念满足了以追随者为中心的领导模式，却扭曲了领导力的真正内涵。领导不应该只是一方对另一方，比如领导者对追随者，或者仆人对国王。领导力关乎影响力，至于这种影响力从何而来并不重要。我们认为，服务型领导应该在导师关系中得到推广，同时也可以进行反向指导。这样，指导者和被指导者都能在二元关系中为对方服务，并能满足对方的需求。在组织环境中，有各种利益相关者在发挥作用，服务型领导在与其他形式的领导一起使用时会发挥作用。因此，我们要求管理者超越这种领导形式，以更加复杂的视角来看待他们的管理环境。

对于在一个相互关联的组织中运作的领导力而言，情况则完全不同。我们选择不给这种领导力贴标签，尽管我们很想把它称为"服务型领导力"，而不是"仆人型领导力"。给领导力贴标签往往是无益的，尽管它可以在概念上提供一些清晰度。我们的目的不是要推广一种新的领导风格，而是要展示管理者如何才能利用东方的人单合一管理哲学所提供的机会，并说明其在组织内部的实际可操作性。因此，与其简单地给这种领导方式贴上标签，还不如让我们思考一下这种领导方式是如何成功管理组织的，以及可以采取哪些切实可行的措施。服务型领导为员工服务，同时鼓励领导者发展"仆人特质"，而我们提倡的领导力是为组织生态系统内的所有利益相关者服务的。

通过对比这两种领导力形式，管理者可以了解到他们目前的领导力实践在哪些方面可以改进，以实现我们所倡导的后一种领导力形式。我们所说的在相互关联的生态系统中发挥领导作用，是指提升以前被忽视的东西，使以前不被关注的东西变得可见，并认识到以前被认为是理所当然的事物。这就意味着，即使是组织内部的技术本身也不能再被视为理所当然，实体办公空间也不能再被视为理所当然。换句话说，这种形式的领导不仅在组织内部有意做出采取行动或不采取行动的决策，而且在组织"外部"也有意这样做。我们谨慎地使用组织"外部"一词，因为在一个相互关联的组织中，内部和外部之间的界限并不那么清晰，领导者必须认识到这一点。

生态系统思维摒弃了局内局外的二分法，将组织的整体性视为其自然栖息地中的有机体，其空间边界是不确定的。如果说我们在过去几十年的全球化过程中学到了什么，那就是影响一个国家的事情几乎必然会影响另一个国家，即使这个国家在地理政治上与另一个国家不同。同样，组织也不是孤立的，而是在其生态系统中运作，无论它们是否意识到这一点。领导层必须了解这种相互关联性，才能为生态系统中的所有利益相关者提供服务。这种领导力服务于员工、用户、组织、与之合作的其他各种伙伴，等等。服务就是确保提供有利条件，同时消除组织环境中的各种制约因素。用户必须相信他们的声音被听到了，员工必须感到被赏识并有权做出决策，组织必须看起来和感觉上都是人性化的。

要在一个相互关联的组织中发挥这种领导力，特质可能很重要，但行动更为重要。在组织的生态系统中，让人们站出来担任领导角色或推动新的链群是可以的。他们可能会感到有"冲动"这样做，或者可能是受到同事的推荐。更重要的是，这种领导的行为是与组织内的人员不断对话以培养其他领导者。这种领导力能够保持韧性并提高财务绩效。

绘制领导力发展路线图

研究表明，本质主义的领导方法已经过时，我们不能断定领导者天生就具有一套有限的特质或属性。相反，人们可以通过学习成为领导者，领导者会随着时间的推移而改变，而且环境也在不断变化。因此，无论你在领导之路上处于什么位置，你都可以为自己的发展开辟一条道路。

第一步是从你所处的位置开始。思考一下你以前的领导经验，甚至是那些你可能认为是错误的行为，也可能会对你有所帮助。从一个愿意学习的学生的角度来看，这些都是学习的机会。分析成功和失败之处，以及你本可以采取哪些不同的做法。

　　第二步是审视自己，找出领导力方面的差距。这里所说的差距，是指你在所需的领导特质方面可能存在的发展差距。特别是，要考虑动态和技术驱动的工作世界所需的领导特质。更具体地说，要从各个方面考虑你的绩效方法，包括财务和非财务方面以及环境、社会和公司治理框架。了解看待绩效的不同方式，以及对你需要成为的领导者类型的影响，以便在你的组织和更广泛的生态系统中实现各方面的蓬勃发展。如果你需要在某些领域积累知识和技能，请确定获取这些知识和技能的正式和非正式途径。可以参加领导力课程或项目、订阅针对组织领导者的从业者期刊或接受更有经验的领导者的辅导。

　　第三步是建立一个令人信服的愿景，展望你在未来领导实践中的目标。确定这些目标，并系统地努力实现它们。这就要求你要有意识地寻找机会来发展你的领导特质和技能。制定能提供这些机会的行动计划，并为之努力。你还可以利用榜样的力量，在学习他们的经验时帮助你制定未来的目标。榜样可以为你提供量身定制的内容，并提出意见作为反馈和前瞻性评论，从而帮助你快速学习。换句话说，通过反馈，你可以了解自己过去的表现，而通过前瞻性评论，你可以积极主动地将新学到的东西应用到未来的行动中。榜样也是领导者问责的来源。如前所述，问责是向一系列利益相关者传达真实性的一种方式。在领导过程中，对自己、导师、员工、用户和其他利益相关者负责是有益的。它表明领导者愿意学习，并认识到利益相关者对自己的信任。正如拉克（Laker）等最近的一项研究[11]所强调的那样，自负会导致领导力滑坡。最后，领导者需要坚定地致力于不断学习和成长。这种承诺可以确保无论在什么情况下，无论出现什么挑战，领导者的态度都是开放的、乐于学习的、灵活的，并能敏锐地意识到动态的工作和商业运营环境所带来的机遇。

本章小结与思考

本章的重点是超越传统的服务型领导概念，考虑与互联生态系统相关的领导力。在互联生态系统的背景下，领导力需要反应迅速、负责任，并采用多角度的方法与生态系统中的主要参与者建立联系。在本章的最后，我们将提出一些反思性问题，并为个人发展和职业发展提供一些建议：

- 你如何评价自己的个人领导风格？诚实的自我评价是最令人不舒服的练习之一。然而，要想在领导力方面有所成长，就必须对自己的现状和需要达到的目标进行评估。

- 确定你的主要优势和劣势。你可以亲自列出一份自己的特质清单，并将其分为优势和劣势。你还可以向下属、同事和导师等其他人征求反馈意见。对自己进行 360 度全方位的审视，可以让你对自己的领导实践有一个全面的认识。你还可以进行乔哈里（Johari）资讯窗练习（参见第 8 章的说明）。

- 回想一下，你是否能发现在某些情况下，你本可以用稍微不同的方式进行自己的领导实践？重要的是要认识到，没有人知道一切，领导力是可以学习的。评估你以前的经验，正视你本可以采取不同做法的地方。写反思日记可以帮助你评估自己的领导力，但更重要的是，可以帮助你修正过去使用的心智模式。彼得·圣吉（Peter Senge）于 1990 年出版的经典著作《第五项修炼》（*The Fifth Discipline*）谈到了如何面对自己的心智模式，对当代实践仍有价值。

- 你的目标是什么样子的？超越 SMART 目标的设定，设定 FAST 目标。SMART 目标是指具体、可衡量、可实现、相关和有时限的目标，而FAST 目标是指经常讨论、雄心勃勃、具体（因此可衡量）和透明的目标。FAST 目标可以让你更频繁地与他人互动，确保达成共识。

- 你能否找一位资历更深的人做你的导师？拥有一位导师作为问责伙伴是非常有益的。你可以从他们的经验中学到东西，他们也可以为你提供宝贵的意见。他们还可以为你的想法出谋划策。

注释

1.　Bennis, W. & Nanus, B. (2003) *Leaders: strategies for taking charge.* New York: HarperCollins Publishers.

2.　Grint, K. (2005) *Leadership: limits and possibilities.* Basingstoke: Palgrave Macmillan.

3.　Greenleaf, R. K. (1991) *Servant leadership: a journey into the nature of legitimate power and greatness.* New York: Paulist Press.

4.　Fiedler, F. (1967) *A theory of leadership effectiveness.* New York: McGraw-Hill.

5.　Tanenbaum, R. & Schmidt, W. H. (1973) How to choose a lead ership pattern, *Harvard Business Review,* https://hbr.org/1973/05/how-to-choose-a-leadership-pattern (accessed 15 November 2022).

6.　Kaplan, S. (2020) Why social responsibility produces more resilient organizations, *MIT Sloan Management Review,* https://sloanreview.mit.edu/article/why-social responsibility-produces-more-resilient-organizations/ (accessed 15 November 2022).

7.　Grint, K. (2000) *The arts of leadership.* Oxford University Press.

8.　Butler T. (2017) Hiring the entrepreneurial leader, *Harvard Business Review,* https://hbr.org/2017/03/hiring-anentrepreneurial-leader (accessed 19 August 2022).

9.　Kaplan, R. S. & McMillan, D. (2021) Reimagining the balanced scorecard for the ESG era, *Harvard Business Review,* https://hbr.org/2021/02/reimagining-the-balanced-scorecard for-the-esg-era (accessed 15 November 2022).

10.　Tomlinson, B., Whelan, T. & Eckerle, K. (2021). How to bring ESG into the quarterly earnings call, *MIT Sloan Management Review,* https://sloanreview.mit.edu/article/howto-bring-esg-into-the-quarterly-earnings-call/ (accessed 15 November 2022).

11. Laker, B., Cobb, D & Trehan, R (2021) *Too proud to lead: how hubris can destroy effective leadership and What to do about it.* Bloomsbury Business.

参考书目

Hesse, H. (2013) *The journey to the east.* Important Books.

Sinek, S. (2017) *Leaders eat last: why some teams pull together and others don't,* 1st edition. Penguin.

Sull, D. & Sull, C. (2018) With goals, FAST beats SMART, *MIT Sloan Management Review,* https://sloanreview.mit.edu/article/with-goals-fast-beats-smart/ (accessed 15 November 2022).

Timmons, J. A. (1989) *The entrepreneurial mindset.* Brick House Pub Co.

Closing the Service Gap:
How to connect customers,
employees and organisations

第 8 章　标记轨迹

导言

　　任何管理原则的采用都必须经过深思熟虑和认真规划。与此同时，通常还必须进行监测和评估，以衡量成败。虽然成功和失败的概念往往是主观的，其含义也难以捉摸，但我们可以尽量减少它们之间的模糊界限，并衡量什么是"成功"或"失败"。这可以通过制定一些"客观"的衡量标准来实现，并以此来衡量你作为领导者的表现。在这里，我们用双引号括起"客观"一词，以示谨慎使用，你也应该这样做。这是因为，在你运用人单合一的原则、你自己的领导力历程以及接受人单合一所带来的新组织文化的过程中，你可能需要考虑自己的独特背景，并设计出所需的监测措施。这通常要具体情况具体分析。重要的是，你在标记轨迹时，要以合理和可解释的方式来做这件事，这正是本章的标题。我们将探讨你如何在实践中采用和衡量人单合一模式以适应你自己的业务。然后，你可以分享你的转型故事，这将有助于进一步巩固你的成功。

了解你的背景

为什么了解背景很重要？在本书中，你了解了许多关于海尔和其他组织的信息。你看到了他们如何应用人单合一的原则来发展业务并扩大生态系统。但你可能会说，这些环境可能与你的环境不同，确实，人单合一成功的基础是对特定环境中的参与者有深刻的了解。你可能是在世界的另一个地方阅读这本书，那里的商业运作方式和工作文化各不相同。众所周知，中国是一个更强调集体主义导向的国家，但我们也知道，中国也有倡导自由的文化，如道家思想，这就形成了海尔建立独特生态系统的背景。通过深入了解这一背景，张瑞敏得以实现组织的转型。

但就你的情况而言，你所处的环境可能有一系列不同的因素在起作用。在这种环境中，尽管有团队的存在，但个人有追求个人目标而非集体目标的强烈动机，奖励制度的设计也是为了鼓励这种追求个人目标的行为。你所在组织的结构可能是等级森严和官僚制的，事实上，改变这种结构是一项艰巨的工作，因为人们更容易停留在自己的舒适区。关键是你要像张瑞敏一样，把对自身环境的深刻理解转化为能够带来必要变革的解决方案。换句话说，变革是由人单合一驱动的，从有边界的组织向开放的边界转变，从等级结构向扁平结构转变，从竞争向合作转变，从集中领导向共享权力和服务型的领导转变。

了解你的环境还意味着要认识到它的优势、劣势、机遇和威胁。优势可能包括一个成熟的技术环境，可以实现与用户和员工的协作和高效沟通，但由于在一个封闭的边界内，组织重心向内，这种优势尚未被发掘。优势还可能包括友好的商业法律环境，鼓励在特定地区或行业进行投资。你是否探索过这些领域？所有这些都有助于你了解自身所处的环境以及如何利用现有机会。了解自己所处的环境有助于规划自己的发展方向以及实现目标的路径。因此，这些优势可能蕴藏着尚未开发的机会，而你的任务就是寻找这些机会。

　　你的背景有哪些劣势呢？你也需要考虑这些因素，并对可能阻碍或限制你从人单合一的方法中充分获益的因素进行客观评估。这些因素可能与你对企业应该如何运作的先入为主的观念、固有的偏见或有限的获取知识和信息的途径有关。这可能是一块主要的绊脚石，因为在这种情况下，变革是从领导者开始的。克服这一障碍意味着你愿意尝试新的想法，尤其是基于证据的想法。需要强调你在这方面的灵活性，因为它将对组织的其他部门产生积极的连锁反应。当你的员工看到你对"新"事物的态度发生转变时，他们也会受到鼓励去做同样的事情。当你面临变革的文化障碍时，这一点尤为重要，这些障碍往往难以克服，因为做事的方式和理由已经根深蒂固，人们宁愿稳妥行事，也不愿尝试新事物。因此，请考虑你的环境中存在哪些劣势，以及哪些因素会威胁到你的生态系统之旅的成功。你的优势可以为你提供机会，而你的劣势则可能揭示需要加强的领域。有时，你可能会发现需要解决的盲点。我们将在下一节详细介绍你的个人领导力，但现在，请广泛思考你自身环境的独特性以及你能做些什么。

　　当我们谈论生态系统时，我们自然而然地会谈论一个由有共同利益的合作伙伴和协作者组成的网络。了解你的背景的一部分工作就是找出你的潜在合作者。你可以与哪些组织和企业合作，为用户创造新价值？这可能需要你花一些时间跳出框框，开阔视野。潜在的合作者可能涉及研发、创意生成、为用户提供服务或反馈生成机制等领域。仔细观察一下那些你以前认为与你的行业毫不相干的组织：它们可能并不像你以前想象的那样遥远。

　　在生态系统时代，技术是连接的关键——连接组织与组织、组织与员工以及员工与用户。在了解自身情况时，请考虑你的技术环境有多先进。你还需要（重新）审视自己的技术需求，弄清楚你需要技术为你做什么。技术投资是一项需要长远眼光的战略决策。因此，你的选择必须符合你的价值主张。一旦明确了这一点，你就可以开始考虑不同的可选方案。外籍员工和顾问可以帮助你了解一系列技术解决方案。不过，你的决定将基于你对成本与收益的评估。如果技术遇到困难，也要考虑备用计划。这将使你在遇见临时故障时仍能继续开展业务。因此，了解你的环境是转向以生态系统方法经营业务的必要的第一步。现在，让我们谈谈你个人的领导方法。

分析自己的领导力

多年来，领导力这个概念一直备受关注，我们不禁要问，为什么关于领导力的书籍和文章层出不穷？答案很简单。无论有多少关于领导力的材料，我们都无法将其简化为可计算的东西或有形的"待办事项"。这是因为领导力是一种复杂的现象，其定义始终难以捉摸。作为管理学者，我们多年来从不同的角度和哲学立场对这一概念进行了研究，可以告诉大家一个事实：领导力与三个要素有关。我们所假设的这三个要素与"领导者"和"追随者"无关，这与一些领导力教材希望传递给我们的理念不同。你可能已经注意到了我们在本书中对领导力所采取的批判态度。对我们来说，将领导力这样一个复杂的概念简化为"领导者"和"追随者"，并不能让我们理解当今组织中的管理者必须如何领导。从这一观点出发，让我们现在来研究一下领导力的三个要素是什么，然后思考一下在当今职场，作为一名管理者，你可以如何分析自己的领导力。

领导力是由个人、群体和环境要素构成的，在任何特定情况下都是如此。这三个要素贯穿了 20 世纪所有的领导力理论，时至今日依然如此。让我们逐一分析并研究如何切实将自己的实践融入其中。首先是个人。在领导力的这一要素中，一切都与你——管理者个人有关。静下心来想一想。是的，领导力的个人因素与你有关。说到这里，你可能会问自己，为什么我们似乎在混淆"领导者"和"管理者"这两个词，而几乎所有的书都告诉我们，领导不等于管理。当这些观点出现在 140 个字符的推文中，或者出现在拥有数千个"赞"的社交媒体帖子中时，它们听起来都很有道理。真的吗？你不会雇一个人做公司的运营领导，然后再雇另一个人做运营经理吧？又或者，你不会在招聘广告上刊登店长和店领导的职位，然后让他们在公司里分别扮演不同的角色，对吗？你明白了吧。这种在概念上把"经理"降到较低层次而把"领导"放在较高层次的想法，无异于无视房间里的大象，因为我们都知道，领导工作是由经理来完成的。管理专家亨利·明茨伯格（Henry Mintzberg）对此有更多的论述，如果你想进一步探讨这一论点，我们将向你推荐他的著作。现在，让我们回到我们所说的领导力的个人要素上来。

在领导力的个人要素中，我们考虑的是个人特质和行为。换句话说，要发挥领导力的个人要素，并不一定要在组织中拥有头衔或身居要职。因此，组织中的每个成员都必须行使领导力。这正是人单合一理念所强调的。这是一个明确的号召：无论你在组织中担任什么职位，你都可以迎接领导力的挑战。你是领导者，你的员工也都是领导者。在个人层面，自我领导成为你实践的核心。不能自我领导的人根本不适合领导。在自我领导中，你要承认自己的身份，即你的个性、你的优点和缺点，并意识到你的行为会对同事产生深远的影响。这就要求我们进行反思，并采取反身性措施来纠正自己的行为或行动。反思是对以前的经验或行为给予应有的考虑，并从中学习，而反身性则更多地是针对所反思的内容立即采取纠正措施。反思和反身性的重要技能在许多领导力模型中似乎都有所欠缺，却是自我领导和成为反思型实践者的核心。

　　要分析自己作为管理者的领导力，诚实是基础。这包括对自己诚实，并鼓励他人对你诚实。乔哈里资讯窗就是一个有用的工具。"乔哈里"（Johari）一词是由两位学者的名字拼写而成的。"Jo"取自约瑟夫·卢夫特（Joseph Luft）（1916—2014），"hari"来自哈灵顿·英格汉姆（Harrington Ingham）（1916—1995），他们都是20世纪著名的心理学家，于1955年共同开发了乔哈里资讯窗。他们呼吁个人反思自己知道或不知道的事情，同时也邀请他人指出他们知道或不知道的事情。我们在图8.1中对此进行了更清晰的展示。

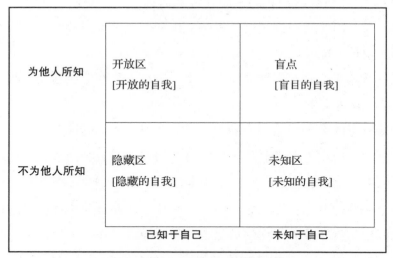

图 8.1　由卢夫特和英格汉姆开发的乔哈里资讯窗（1955 年）

　　如图 8.1 所示，分析自我领导力的起点是反思自己以及他人对自己的了解。这就引出了领导力的第二个要素，即群体性。在分析自己的领导力时，不能不充分考虑你的实践所在的群体，或称实践共同体（community of practice）。没有人是真空中的领导者。领导力是一个在群体中发挥作用的概念，无论群体中有几个人。你的实践共同体可能包括组织中的同事、你的经理、向你汇报工作的人以及你的用户。换句话说，当你往乔哈里资讯窗中填写他们的意见时，你可以以某种 360 度的方式从你的共同体中获得反馈。虽然乔哈里资讯窗的设计初衷是使用特定的词汇，但我们鼓励你保持开放，而不受限于特定的词汇。这样，你就可以让评估你的人的声音尽可能完整全面地表达出来。

通过乔哈里资讯窗分析你的自我领导力，可以发现你的"四个自我"——即开放的自我、隐藏的自我、盲目的自我和未知的自我。你的开放自我捕捉到了你对自己的了解以及他人对你的了解。这就好比在开放的竞技场上比赛。例如，你知道自己是一个一丝不苟的人，别人也知道这一点。因此，如果有新的人与你交往，告诉你你是一个一丝不苟的人，这对你来说并不是什么新闻。不过，这仍然很重要，因为它向你证实了你已经知道的事情。别人的肯定给了你一个机会，在你的领导力基础上更上一层楼，或以更高的觉悟和意图进行领导。这是因为你在开放自我中的领导力是有目共睹的。换句话说，你是在公开的舞台上，你是极度可见的，你知道自己在做什么，也知道你所在群体中的其他人知道你在做什么。简而言之，你在开放自我中的领导力就是你确认自己已经知道的事情。记住，关键是要对自己诚实，并鼓励那些评估你领导力的人诚实。这意味着，开放的自我也可以告诉你一些你可能不想听到的话，尽管你知道那是真的。例如，你（希望）知道自己是否很难相处，并且意识到别人知道你的这一点，但你不愿意听到别人用直白的语言来描述你。在这次自我评估中，诚实至关重要。如果你坦诚的自我证实你是一个糟糕的领导者，那么你可能非常傲慢，如果你不改变，傲慢很快就会表现在你的身上。

相反，你的隐藏自我是你自我领导的一个方面，只有你自己知道你自己的情况，其他人都不知道。这可能包括你的内在动机、焦虑、担忧、恐惧和不安全感。也许有些事情你担心如果被别人知道了可能会被视为弱点。而你隐藏的自我可能是你领导力的推动力，例如，你的"深层动机"，如果它在你的内心产生负面情绪，那么它也可能仅仅是一个表象，或者对你的领导力有害。就后一点而言，当你执迷不悟时，它可能会轻而易举地扼杀你。其实大可不必如此，因为你可以采取措施来处理隐藏的自我。要做到这一点，你需要信任一群精挑细选的人，你可以邀请他们进入那个隐藏的空间。毕竟，或许你认为对他人隐藏的东西，实际上他们早就知道了，在这种情况下，让他人进入你不再隐藏的空间，会有助于你的发展。

你的领导力中的群体因素在你的盲目的自我中表现得淋漓尽致。这是指那些你对自己的领导力一无所知的事情，而你的实践团队对此则非常了解。这就是你的盲点。别人对你的领导力了如指掌，而你却不知道。在分析你的自我领导力时，这是一个非常重要的因素。了解或减少你的盲点可以提高你的自我意识和整体领导力。接受自己的盲点，不觉得别人在挑剔你，这需要一些谦卑。你可以与值得信赖的同事就自己的盲点进行交流，努力提高自己在生态系统中的领导力。在一个高度互联的生态系统中，你不希望成为一个对其他人已经知道的事情毫不知情的领导者。事实上，如果你的盲点太大，甚至错过了正在发生的趋势，那么你的组织的未来就可能面临风险（见案例研究 8.1 中诺基亚的盲点）。

乔哈里资讯窗的最后一个象限（见图 8.1）是未知的自我，指的是你身上那些你不知道、别人也不知道的方面。这些都是你的"未知数"，你可以在寻求不断成长的过程中发现它们。然而，我们建议，如果你领导力的某些方面不为他人所知，也不为自己所知，那么就没有必要把精力花在这些方面。想要纠正或发展你不知道的东西是徒劳的。你应该担心的是你的盲点，因为它会使你的领导力失效。正如本书前文所述，你希望通过生态系统思维来发展你的业务，这就要求你对业务环境有更多的了解，因此，你

诺基亚的盲点

　　诺基亚公司成立于 1865 年，曾是一家实力雄厚的技术公司，直到本世纪初才发生变化。诺基亚崛起成为世界上最重要的手机制造公司，尽管昙花一现。诺基亚手机曾风靡一时，几乎很难有其他公司能取代诺基亚在市场上的领先地位。诺基亚手机质量上乘，产品种类齐全，在手机行业首屈一指。然而，在千禧年之交，苹果、三星和其他较小的技术公司进入市场，推出了移动设备和提供触摸屏功能的手机。新的趋势已经开始，业内人士都看到了这一新趋势，但不知何故，诺基亚却被这一趋势打了个措手不及。当诺基亚开始生产触摸屏手机时，为时已晚，市场已经发生了变化。具有讽刺意味的是，早在苹果公司推出 iPhone 的三年前，诺基亚就在其实验室里发明了具有触摸屏和互联网功能的手机。《纽约时报》援引诺基亚营销部门员工阿里·哈卡拉宁（Ari Hakkarainen）的话说："当时还很早，没有人真正了解触摸屏的潜力。""管理层担心该产品可能会失败，代价高昂。"事实上，它确实是一场昂贵的失败，因为公司没有选择发展本可以让他们成为领先者的产品。触摸屏智能手机已经占领了市场，而诺基亚在失去竞争地位之前根本没有意识到这一点。这一切都发生在他们的盲点上。公司最终于 2016 年被微软收购。没有人比诺基亚被收购时的首席执行官斯蒂芬·埃洛普（Stephen Elop）更能解释诺基亚到底发生了什么。在诺基亚被收购后的最后一次新闻发布会上，埃洛普发表了充满感情的告别演说，他总结道："我们没有做错任何事，但不知何故，我们输了。"随后，他和他的管理团队泪流满面。

应该努力减少你的盲点。同样，你可以通过真诚地与社群互动来做到这一点。换句话说，在分析自我领导力并在生态系统中发展自己的同时，你应大胆激活领导力中的群体因素，使其成为你的优势。要做到这一点，你就必须抛弃"领导者和追随者"这种无可救药的二分法，正如我们之前所论证的那样。如果人们只是"追随"你，你又怎么知道他们会说些什么来帮助你发现盲目的自我呢？打个比方，你必须停止行走或奔跑，直到所有的"追随者"都跟上你，然后让你知道身后有什么是你看不到的。你明白了吧——以这种方式来定位"领导者"的概念是站不住脚的。

　　有些组织分析自我领导力的一种实用方法是使用360度反馈。这并不一定是一种不好的策略，但它往往会把领导者置于公众视线之下，领导者要面对公众的质疑，而其他人则是匿名的旁观者。总的来说，差评会导致偏执狂，这对领导力来说不是好兆头，因为我们已经确定，领导力不仅是个人的，也是群体的。在分析自我领导力时，最好进行有意义的对话，而不是躲在匿名调查的背后，360度反馈和其他反馈机制为领导力实践提供了这样的机会。邀请他人参与你对自我领导力的分析，尤其是填写乔哈里资讯窗，往往是一种情感上的冒险。它告诉你的社群，你也是人。你的人性值得拥抱、展示和颂扬。人单合一是一种以人为本的哲学，它并不寻求塑造英雄和恶棍，而是要发掘一个人的人性和无限潜能。因此，公共领导力要素是个人领导力之旅的关键。你应该利用它。管理学家亨利·明茨伯格（Henry Mintzberg）认识到了这一点，他认为："领导力已经够多了。是时候关注社群力了。"在他看来，领导力经常会让人联想到"伟大的白衣骑士骑着一匹高大的白马来拯救我们所有人（即使是冲向黑洞）"的形象。我们已经论证了这一论点的无望性，因此无须再赘述。所以，通过个人和社群的视角来评估你的领导力，是你和你的组织在以生态系统思维运作的人单合一框架下发展的关键。

　　前面我们提到，领导力的概念包含三个要素：个人、群体和环境。我们已经详细介绍了前两个要素，但我们应该强调的是，第三个要素——环境，指的是一系列相互关联的材料、资源、因素、有形和无形资产等，它们共同构成了实践领导力的领域。简言之，环境就是关于你的生态系统，这一点也必须加以分析。

分析你的生态系统——绘制地形图

现在，让我们谈谈你作为一个组织所处的生态系统。"没有人是一座孤岛"这句名言在这里得到了印证。作为一家企业，你并不是一个独立运作的孤岛。你置身于一个参与者的网络，即你独特的环境中。无论你生产的是实物商品（产品）还是服务，在为用户创造价值的过程中，都会有一定的投入，包括劳动力、资本、土地、原材料和你的创业技能。有时，你会使用其他公司生产的产品，但这些产品属于中间产品，作为投入进入你自己的生产流程。为你提供生产价值所需资源的人是你生态系统的重要组成部分。他们是你的供应商，而且往往跨越地理边界。

你的产品的用户也是你的生态系统的一部分，因为他们依赖你来满足他们的需求。我们在前面的章节中已经谈到了用户，以及为什么他们是你的生态系统的核心。

你如何能知道你的用户或用户现在需要什么呢？与他们交流。你可以开展互动交流会，随时了解他们的需求是如何变化的，或者他们的口味在不久的将来可能会朝着什么方向发展。当面交流对于建立信任非常有效，因为它们为你提供了体验非语言暗示的机会，能补充和加强你与用户之间的沟通。如前所述，你可以邀请用户到公司实地考察（如张瑞敏所做的），让他们更强烈地感受到对公司的归属感。你还可以通过在线会议交流想法，集思广益。在数字技术层出不穷的当今时代，虚拟参观应是不二之选。这一点更为重要，因为你的用户很可能位于你所在国家的地理边界之外。

我们已经确定，你的供应商使你能够为你的用户创造价值。然而，你的生态系统要比这种供应商—生产商—用户的线性观点宽泛得多。你在监管环境中运营，因此监管机构或政府也是你的生态系统中的重要角色。政府的经济、财政或货币政策可以限制或促进你的业务活动。利率会影响你获得信贷或融资以扩大业务的能力，就像税收增加导致可支配收入减少会影响对产品的需求一样。因此，你所做的决策需要考虑到政府对你所在行业以及更广泛意义上的经济发展的短期、中期和长期想法。

如果认为只有你对自己的业务感兴趣，那就太简单了。即使目前是这样，这种情况不一定能维持多久。这里要说明的是，你始终会有竞争对手，即在你的业务范围内同样以向用户提供价值为目标的其他组织。请记住，用户很容易被众多的产品所吸引。这就是你所在领域的竞争。要建立一个可持续的生态系统，你需要开始以不同的方式思考这些竞争对手。与其抱着赢家通吃的典型心态，不如开始考虑双赢战略，让每个人都能付出和获得价值。事实上，这是一种非常不同的思考方式。然而，我们所说的是根据你所处的环境中存在的机遇来构建一个生态系统。这需要以不同的方式思考。在绘制生态系统地形图时，请识别这些关键参与者，并开始考虑如何与他们合作，共同创造价值。

在你的生态系统中，有一个重要的群体常常被低估。你可能已经猜到了——他们就是你的员工。有时，关于公司发展的战略讨论往往将员工视为生产要素之一，认为他们是一个常数，就像我们认为生产设备是一个常数而不是变量一样。但我们现在比以往任何时候都更清楚地知道，员工不再从最初被任命到退休一直在一个组织工作。劳动力变得流动起来，许多员工对工作和工作内容的要求也越来越高。流行语"大辞职"（the great resignation）就描述了员工因个人价值观的转变、对工作与生活的平衡的追求、对弹性工作制以及能让员工实现自我价值的工作条件的渴望而离开组织的情况。因此，在建设可持续生态系统的过程中，不能将员工视为一个常数。然而，要留住他们，作为领导者，你必须努力确保他们接受新的工作方式——人单合一方法和一个不断寻求为所有人创造价值的生态系统。为了让他们接受，你可以与员工进行开诚布公的对话，了解什么对他们有意义。这有助于建立一种信任的氛围，也是员工参与和投入的基础。

因此，分析生态系统需要了解生态系统的参与者。确定这些参与者是建立强大生态系统的第一步。然后，你可以考虑必须建立的各种联系。生态系统中谁对你的业务成果影响最大？你需要谁来帮助你实现目标？谁有能力帮你实现目标？当你分析你的生态系统时，你就能看到差距在哪里，以及你需要做些什么来加强你的地位、调整你的自我或在其中结成新的联盟。

评估、衡量和改进绩效

那么，在分析了你的环境、审视了你的个人领导风格、向你的员工和用户表明了新方向，并开始勾勒你的生态系统的范围之后，接下来要做什么呢？那就是看看你在各方面做得如何。重要的是要跟踪你的进展（或没有进展）采取调整或补救措施，确保你仍在实现目标的道路上。即使你衡量了某一时期的业绩，但企业所处的环境可能会发生变化，并对你未来的业绩产生影响。可以肯定的是，任何事物都不会一成不变。工作世界是一个充满活力的世界，运营环境也是如此。这意味着你需要不断扫描你所处的环境，并在必要时做出调整。许多好的想法开始时都很好，但过一段时间就会失去动力或完全失败。一个常见的例子就是当今初创企业的失败率——高达 50% 的企业在头五年内失败。为了避免这种情况，必须建立一套机制来检索和处理有关你的生态系统的新信息，并将其纳入你的战略决策。我们已经讨论过生态系统的参与者，以及如何与他们建立更有意义的关系，从而共同创造价值。让我们从人单合一的三方（组织、员工和用户）开始。如何衡量这些关系的深度以及这些联系的成果？在这一点上，我们将考虑海尔的案例，以及该公司如何衡量人单合一在其生态系统中的部署情况（见案例研究 8.2）。

可以理解的是，你衡量自己组织绩效的方式与海尔的人单合一实践不同。在下文中，我们将概述一个工具，供你调整或修改，以获得一张绩效

案例研究 8.2

海尔通过链群合约绩效的衡量加深组织与员工之间的联系

在实施人单合一的过程中，海尔加深与员工联系的第一步就是打破等级森严的制度所造成的障碍。海尔去掉了约 12 000 名中层管理者，让这些管理人员选择成为公司的"创业者"或完全离开公司。虽然有一小部分人离开了公司，但大多数人选择成为新的人单合一系统下的第一批创业者。以前的结构强调上下级关系，而新制度则表明，每个员工都是自主创业者，因此不从属于任何人。他们现在可以自由地追求自己的想法，并在此过程中实现个人价值。为了支持这一新角色，海尔将三项权力下放给了现在的自主员工：用人权、决策权以及薪酬权。显然，创业者不能单独行动，而是需要在由其他创业者组成的小微团队中发挥作用。

因此，海尔有效地授权其自主员工迈出第二步，即组建这些小微。每个小微都朝着一个中心目标努力，即为用户创造价值，并分享在此过程中实现的利润。灵活性是小微工作方式的一部分，因为中心目标并不总是一成不变的。通过合作讨论，他们能够在必要时制定新目标，并为实现这些目标而努力。在这种情况下，他们还可以选择另一个人来领导小微。这些决定都是在微观层面做出的，而不是由海尔集团或其高管强加给该单位的。然而，如果这个项目远大于小微所能处理的范围，几个

小微就会聚集在一起形成一个小微群——称为链群。这是建立组织生态系统过程中的第三步。用户未得到满足的需求是这些链群的黏合剂，因为每个单位都致力于满足用户需求的某些方面。这种结构性变革旨在实现用户价值最大化，并创造条件帮助自主员工实现个人价值最大化。在传统的组织结构中，股东价值占主导地位，由执行团队的行动和评估推动，而在人单合一的模式下，员工通过被赋予的自主权创造并最大化其个人价值。以自主权和持久的目标感为基础的员工价值也被认为有助于提升股东价值。

与用户直接互动

海尔衡量其链群成功与否的标准不仅是价值创造，还包括其创造了多少终身用户。海尔认识到，这不是单个组织所能实现的，而是由生态系统中的动态网络参与者为用户需求创造个性化价值所实现的。因此，海尔优先考虑与用户直接互动，目的是将用户和生态系统中的组织有机地联系起来，使其共同应对运营环境的变化，尤其是不同用户群体需求的变化。海尔衡量其成功的一个核心特征体现在与员工签订的链群合约合同中，海尔试图在用户体验与所创造的解决方案之间取得平衡。在更大的组织中，有一个链群合约网络，其中一些负责向用户提供用户体验的价值，另一些则负责根据从用户体验链群合约收集到的信息提供解决方案。此外，该组织还有一个人单合一计分卡，用来衡量链群在两个大的方面的发展情况，一方面是作为一个链群的自我发展，另一方面是用户价值的创造。

评分卡，衡量你在建立成功的链群方面的进展情况（另见图8.2）。我们通过学习海尔自己的人单合一计分卡，定性地开发了这一简化工具，供你参考。

生态系统定位 （衡量小微在多大程度上与其生态系统内的其他参与者合作以实现其目标）	对参与者的 认知 得分 1~5	与参与者的 互动 得分 1~5	建立的 合作 得分 1~5	EMC 定位总分
自主管理 （衡量小微在交付用户价值方面管理其运营的程度）	财务支持 得分 1~5	员工自主性 得分 1~5	技术驱动的运营 得分 1~5	自我管理总分
自我组织 （衡量小微招聘和 / 或留住人才以及提高员工积极性的水平）	员工招聘 得分 1~5	留住员工 得分 1~5	员工激励 得分 1~5	自我组织总分

图 8.2　简化的人单合一组织评估工具

在人单合一计分卡中，你可以使用一系列指标来评估组织对实施人单合一的准备情况。如图 8.2 所示，对组织中小微的每个方面，即生态系统定位、自我管理和自我组织，都可以单独分配分数，如 1= 差，2= 一般，3= 良好，4= 非常好，5= 优秀。将定性评估转换成定量衡量标准，有助于你以快照的形式监测进展情况，便于传播。换句话说，你可以评估小微的定位、自我管理的程度以及自我组织的维度。对于那些本身可能构成社群或某种生态系统的大型组织而言，该工具也有助于检查对实施人单合一的准备情况。图 8.3 提供了一种定性检查组织内价值创造的方法，并提供了可以评估的维度，包括价值主张、交付的价值和共享的价值。

这些维度使你的活动更加关注满足用户需求的解决方案，并有助于你重新评估与生态系统中各利益相关者的关系。你可以将每个组成部分发展成更详细的调查，但图 8.3 提供的评级表提供了一个起点，可让你评估你的组织或新成立的链群在价值创造方面的成熟程度。值得注意的是，这项工作不是一次性的，而是可在不同时间点使用，以检查建立更一致、功能更强的生态系统的进展情况。

价值主张 （衡量产品或服务的可取性、可行性和生存力）	可取性 得分 1~5	可行性 得分 1~5	生存力 得分 1~5	价值主张 总得分
交付的价值 （衡量为用户创造的产品和服务的数量和质量）	产生的创意 得分 1~5	产品的数量 得分 1~5	用户 满意度 得分 1~5	交付的价值 总得分
共享的价值 （衡量小微全体员工上一年产生的收入和利润分配）	收入 得分 1~5	利润分配 得分 1~5	生态系统 价值 得分 1~5	共享的价值 总得分

图 8.3　简化的人单合一价值矩阵

将人单合一的原则应用到你自己的组织中

从海尔链群合约的绩效考核模式中，我们可以得到一些启示。显而易见的是，该公司重点强调一些关键的价值观，如自主、人的尊严、灵活性、创造力、对用户的响应和及时性。在将这些学习成果转化为自身经验时，可以从组织的核心价值观入手。这与你作为领导者的价值观不无关系。重要的是要认识到差距可能在哪里，因为众所周知，当代的组织都存在价值观的多样性。如前所述，你的职责是带领员工一起踏上变革之路。这种合作方式是展示你的生态系统如何在公开对话和共同价值观的基础上发挥作用的有效途径。

以自主为前提的人的尊严并非东方独有的思想；就人类伦理而言，它具有普遍性。因此，我们可以将人单合一原则应用到不同的环境中。本书的目的并不是提供一个现成的、可以直接使用的解决方案，而是激发作为领导者的你的创造力，让你知道人单合一如何在你的组织中发挥作用。为此，我们确定了推动海尔发展自身生态系统的关键价值观。首先，你可以使用图 8.2 和图 8.3 中提供的简化评分卡来了解作为一个组织所处的位置。除此以外，你还可以审视自己的组织，并尝试阐明你的核心价值观是什么。这并不是简单地进入组织网站，照搬网站上的声明。这是对什么是真正的价值观——在实践中——的诚实审视。你可能会发现两者之间存在差距。在这种情况下，你的价值观清单就必须是后者——你在实践中能够看到的东西。

接下来，试着将这些价值观与人单合一实践中的价值观进行比较。你是否发现任何相似之处，或者差距更大？这项工作对于奠定新组织结构的基础非常重要。请记住，这样做的目的不是不加批判地复制另一个海尔，而是创造性地开发一个适合你的生态系统模式，并实现预期效益。接下来要评估的是你的组织结构。考虑你可以对组织结构进行哪些类型的改变，从而使你能够表达这些新的价值观。你可以考虑彻底转变为更扁平的结构，也可以选择保持层级结构。在决策过程中，要把价值观放在变革的核心位置。

在评估你与生态系统成员（供应商、监管机构、用户、员工等）的关系时，也要遵循这一原则。同样，要思考如何利用技术来帮助你实现既定目标，从而实现组织的新愿景。

要评估从一个点到另一个点的进展情况，就必须将绩效与基准进行比较。对你而言，该基准可能就是你现在所处的位置。重要的是，要明确说明评估进展的不同方面。例如，你可以考虑去除不必要的官僚主义层级。检查你的流程，看看如何精简它们，从而用更少的步骤取得同样的结果。技术往往可以成为一种辅助工具，帮助你简化业务流程。在决定采用哪种技术时，也可以让员工进行合作讨论，以便从一开始就获得支持。你可以通过定期举行创意会议来鼓励创业精神，让员工有机会提出能够拓展业务的创意。跟踪这些想法，以及它们如何在员工的主导下逐步转化为企业的创新。责任感、灵活性和自主性可以极大地激励那些习惯于以往命令和控制时代的员工。你奖励员工的方式如何？这可能需要修改你的奖励制度，以激励员工将精力投入到产生既能盈利又能满足用户需求的创意中去。与绩效挂钩的薪酬制度已使用多年，为员工提供了额外的收入潜力。现在，你可能会说这种外在奖励会挤掉内在动力。为了解决这个问题，可以像海尔一样，在可能的情况下让员工拥有企业的股份。有了主人翁意识，员工就会从仅仅遵守规则转变为企业的忠实伙伴。

　　如何确保员工对新方向感到满意？你可以设计反馈机制，了解他们对新方法效果的反应。正如之前所强调的，与利益相关者进行公开、持续的沟通是保持参与度的关键。如果你发现进展缓慢或没有进展，可以通过与员工、用户、供应商和生态系统合作伙伴保持沟通，共同寻找解决问题的方法。有时，应对挑战的方法可能是让新创意作为一个独立实体——一个子公司、一种衍生品，甚至剥离出去。做出这些改变可使你的组织沿着企业成长的道路迈向在生态系统中蓬勃发展的阶段。与主要利益相关者分享成功和进步故事是与他们一起成长的方法之一。当一个新想法被开发并取得商业成功时，与组织内其他部门分享这个故事来庆祝是很有帮助的。这样做的目的不仅是为了激励其他人的创业行动，也是为了建立一个有凝聚力的生态系统。此外，了解某一领域的进展也能激发其他人的创造性火花，从而开始形成新的或相关的想法。在你的环境内，应考虑如何通过现场会议或利用技术来最好地分享进展故事。这样，分享故事就成了一种战略工具，不仅可以肯定员工和用户的努力，还可以激励其他人追求自己的创意想法。分享是人单合一文化的核心，因为链群鼓励通过不断交流为用户提供价值的信息。这并不是说生态系统中完全没有竞争，而是说无用的竞争已经大大减少，因为所有参与者都专注于创造价值，也会分享这个价值。

本章小结与思考

本章讨论了与实施人单合一有关的实际问题，以及这对你的环境可能意味着什么。离开熟悉的舒适区，用一种新的思维方式来思考组织的设计以及与员工、用户甚至竞争对手的关系似乎是一项艰巨的任务。这是意料之中的事。但是，如果你继续原地踏步，就永远不会知道改变会带来什么。而且，有一点可以确定的是，不管你是否有所行动，你的竞争环境都将继续发生变化。人单合一已经在多个市场产生了影响，并且创新步伐不断加快。你对这个充满活力的世界的反应将决定你是成为这波浪潮的一部分，还是被浪潮卷走。随着人单合一的理念逐渐进入工作领域，越来越多的公司意识到了有待释放的潜力，我们可以借鉴一些成功案例。让我们来总结一下本章的要点，提出一些具体的问题供你参考，帮助你实现转变：

- 如何重组你的组织，使其充分体现你的核心价值观？在重组组织的过程中，请思考如何扩大员工的角色范围，使他们有能力做出决策并拥有自主权。这样，你就可以扁平化组织层级，为加强员工之间的协作创造条件。

- 如何利用技术加强组织与员工的联系？思考如何将员工和组织与用户的间接接触转变为直接接触。关注如何获取员工对链群合约的满意度。在这些方面，你可以利用技术，方法是进行即时投票，而不是 15 到 20 分钟的调查。此外，你还可以对自己和管理人员进行乔哈里资讯窗分析，以便更全面地了解你的综合优势和可能需要努力的领域。

- 谁是你的生态系统的参与者？我们强调过，作为人单合一方法的标志，深化整个生态系统中的联系非常重要。考虑如何创造性地与各利益相关者合作。在与他们接触的过程中，也要建立反馈机制，根据你确定的具

体指标来了解你的绩效。本书中的所有经验教训都将在此为你呈现。是
时候做出改变了。

参考书目

Luft, J. & Ingham, H. (1955) The Johari window, a graphic model of interpersonal awareness, *Proceedings of the Western Training Laboratory in Group Development.* Los Angeles: University of California, Los Angeles.

O'Brien, K. J. (2010) Nokia's new chief faces culture of complacency, *New York Times,* https://www.nytimes.com/2010/09/27/technology/27nokia.html (accessed 26 August 2022).

Stringer, C., Didham, J. & Theivananthampillai, P. (2011), Motivation, pay satisfaction, and job satisfaction of front-line employees, *Qualitative Research in Accounting & Management,* 8(2): 161–179.

结 束 语

本书的撰写带领我们踏上了一段精彩的旅程。正如开篇所述，我们是在西方接受培训的管理学者，拥有西方的世界观和源于西方思维的各种哲学方法。在研究本书中的观点时，我们不得不进行范式转换，接受东方的世界观。这并不是说一种观点比另一种观点更好，而是说通过他人的视角，我们获得了一种新的现实感。此外，我们认识到了环境的重要性，因此，在你的探索过程中，你要考虑你自己的背景，以及它如何影响你从其他地方学到的知识。

我们面临的第一个挑战，就是如何拼读"人单合一"这个中文词。尽管我们对它进行了研究，广泛阅读了相关资料，采访了它的实践者，等等，但我们还是读错了，这没关系。如果你觉得"人单合一"的发音很绕口，那你并不孤单。你和我们一样，都还在学习的路上。然而，人单合一所代表的原则并没有给我们带来任何发音上的困难，这意味着我们可以抓住关键，实现人单合一所代表的变革。希望本书也能带你踏上探索之旅——以一种全新的方式来看待你的组织与其他重要的参与者的关系。

首先，我们为大家介绍了时代背景，让大家了解人们是如何在生产关系中组织起来的。我们探讨了第一次、第二次、第三次和第四次工业革命的主要结构特征，并说明了这些特征对于组织成长的局限性。在第 2 章中，我们放大了海尔公司的世界，展示了它是如何实现转变的，这是因为一个人有勇气颠覆现状。张瑞敏在自己作为领导者的实践中运用了人单合一这一理念。在接下来的章节中，我们解读了人单合一的含义，首先介绍它的三个关键角色，以及支撑他们之间关系的价值观。我们进一步研究了每个参与者，将传统观念下如何看待组织、员工和用户与新方法进行对比。我们还探讨了个人的领导力实践，包括变革为何必须从你作为领导者开始，以及你对领导力的理解将如何随着你接受新的范式而发展。

我们敦促你以人单合一为先导，考虑为用户提供更多服务。最后一章将所有内容展现出来，整合组织、员工和用户，构建一个可持续发展的生态系统，从而使所有内容具有针对性。我们提供了一种方法来评估你目前所处的位置，并规划你希望达到的目标。我们开发的计分卡是根据人单合一的核心原则改编的，目的是为你提供一个简化的指标矩阵。正如之前所强调的，我们强烈建议你了解所处环境，因为这些知识是将人单合一的优势引入到你自己领域的基础。通过全书中使用的多个实例，我们希望你能了解人单合一是如何实施的，更重要的是为什么要这样做。对于那些已经采用人单合一的组织而言，其成果不言而喻，而你也可以成为其中一员。

你可能会问："为什么这现在对我如此重要？"正如我们从一开始就确定的那样，世界在不断演变。从一场工业革命到另一场工业革命，这种变化是全球性的，具有深远的影响。你所处的时代充满了复杂性和不确定性，而且浪潮汹涌。技术正以前所未有的速度发展，并颠覆着既有的组织模式。今天，一家新成立的公司可以立即成为全球性企业，并开始与知名品牌竞争。财富可以在几分钟或几秒内从地球的一个地方转移到另一个地方。事实上，正如我们所指出的，我们所处的世界是动荡、不确定、复杂和模糊的。因此，组织能否生存取决于作为管理者的你如何驾驭这个复杂的时代。虽然可能无法控制外部条件，但你可以在改变自己和组织的同时开始塑造外部条件。真正的价值在于愿意接受这种新的视角，用新的眼光看待事物。通过这样做，你将能够发现以前未曾注意到的机遇。

我们承认，组织是多样性的场所。在这个劳动力流动的时代，员工可以轻松地从一个雇主跳槽到另一个雇主。许多组织都有一个跨国员工群体，可以预期会有不同的价值观和评价方式。因此，你所面临的挑战是如何让员工加入进来。与任何新举措一样，你需要分享新方向的愿景，并确保员工的认同。领导力学者加里·尤克尔（Gary Yukl）将领导力定义为在特定方向上影响他人的能力。重要的是，它能够让人们就需要做什么和如何做达成一致，并利用个人和集体的努力来实现目标。这就需要让员工以及其他利益相关者理解这种新的工作方式。这并不意味着完全没有竞争，因为企业仍将根据自身的竞争优势开展业务（还记得你对自身优势、劣势、机会和威胁的分析吗？）你所要传达的新信息是，通过合作来满足不断增长的用户群和不断扩大或不断变化的用户需求。

为了有效应对这些挑战，需要采用不同的方法来构建组织和思考组织。正如我们所说，用户不再是传统意义上的组织之外的人，他们现在是价值的共同创造者。因此，你的下一步是识别生态系统中的参与者，并与他们互动。与组织生活的许多方面一样，这不是你一个人就能完成的。通过授权让员工参与进来，很快就会产生你所期望的承诺、创造力和生产力。在这方面，开放式沟通和接受反馈是你的工具，因为它们既能帮助你分享新理念，也能让其他人有机会理解并加入进来。可能会有一些人需要更长的时间才能适应变化，这也是意料之中的。这就是为什么分享进步的故事是一件重要的事情。它将清楚地表明变革是可能的，而且变革带来的好处是实实在在的。

了解自己所处环境的另一个考虑因素是多样性，这不仅体现在参与者方面，也体现在价值观方面。也许你所在的行业有一套独特的价值观，其中一些是你运营的核心。使用我们提供的计分卡为起点（见第8章）。但在重新规划你在新生态系统中的位置时，请确定你的核心价值观，包括那些对行业至关重要的价值观。在修改后的绩效评估框架中，将其明确表述为目标，并开始跟踪实现这些目标的进展情况。

　　有一个问题可能会在你的脑海中挥之不去，那就是你的竞争对手。你可能会说："我已经研究了我的生态系统。在这个看重品牌、竞争和排名的时代，仍然存在很多竞争。我怎样才能推销一种双赢的方法？"这个问题问得有道理。如今，海尔的成功得到了西方机构的认可，包括麻省理工学院等知名研究和教育机构。为改变通用家电及其白色家电业务目前的运营结构而部署的人单合一取得了前所未有的成果。结果不言而喻。看看身边正在发生的事情不失为一个好主意。了解一下物联网以及海尔是如何彻底改变其生态系统的，比如现在的衣联网、水联网、食联网、空气网等。这意味着什么？海尔正在以生态系统思维推动自身的发展，这种思维将所有在不同阶段以不同方式提供价值的参与者聚集在一起。要学习的东西还有很多，我们希望本书能为你的旅程提供一个起点。

　　最后，如果说我们希望从人单合一研究中学到什么，那就是在我们的领导实践中必须以人为本。在反思这一点时，我们清楚地认识到，为什么这对我们当代的管理实践至关重要，因为在我们的管理实践中，重点往往是指向底线的各种绩效指数。这是一件坏事吗？尽管追求利润并非坏事，但人单合一真正提出的问题是，盈利是否真的是你经商的原因。在一个往往受股东需求驱动的商业世界里，人们很容易忘记在组织内部工作的人。令人担忧的是，许多组织在专注于满足股东需求的同时，忽视了其业务对环境的影响。更令人担忧的是，许多组织已经忘记了使其成为组织的个人。人单合一的视角会让你仔细思考自己作为管理者的人性，当然还有你的同事，即你的员工的人性。作为一名管理者，现在是时候开始考虑你的实践本质了，而不是考虑底线。动物本能希望我们确定谁在食物链的顶端，从而产生赢家和输家、拿破仑和平民、领导者和追随者、主人和仆人、强者和弱者等。但事实上，在我们看来，这种本能对这个急需我们相互扶持的世界里弊大于利。是单纯的适者生存，还是让我们作为一个整体共同成长，共同繁荣，并获得自主权，成为我们想成为的人？你可以理解为什么我们在管理实践中主张一种新的世界观。当你以不同的方式看待问题时，就会以不同的方式做事。为什么美捷步（Zappos）公司决定摒弃传统的层级观念，采用整体管理方式进行管理会成为新闻呢？作为人类，我们根本不习惯这种对"秩序"的破坏。但美捷步还是做了，而且做得很成功，在2021年的《全球雇员参与度调查》中，82%的员工认为美捷步是一个理想的工作场所。与美捷步的全员参与制一样，人单合一也要求打破层级制度，海尔已经在其子公司（包括在美国收购的通用家电）中大胆实施了这一新的管理理念。的确，变革会引起关注，但你对变革的承诺才是最重要的。

在人单合一的实践中，我们看到人类（重新）以合理的方式进行自我组织，他们平等地看待彼此，相信彼此的能力，并鼓励彼此取得更高的成就。为此，他们相信"他人"的潜力，并赞美他们的"他人性"。我们还能说什么呢？在一个数字技术无处不在的世界里，人类关系往往会成为我们在其他地方所说的"技术化"，即社会关系，在这种关系中，技术和人类都是其中的一部分。因此，人类需要决定如何重新决定自己与技术同行的关系，使工作变得更有意义。现在，轮到你了。是时候在我们的管理实践中迈出大胆的一步了。